10살, 생각을 시작하는 나이

10살, 생각을 시작하는 나이

1판 1쇄 발행 2007년 5월 1일
1판 18쇄 발행 2025년 4월 21일

글 김재헌
그림 천소
펴낸이 이재일

편집 이세은, 윤정현
제작·마케팅 강백산, 강지연, 김주희
디자인 김은경

펴낸곳 토토북 | **출판등록** 2002년 5월 30일 제2002-000172호
주소 04034 서울시 마포구 잔다리로7길 19, 명보빌딩 3층
전화 02-332-6255 | **팩스** 02-6919-2854
홈페이지 www.totobook.com | **전자우편** totobooks@hanmail.net | **인스타그램** totobook_tam
ISBN 978-89-90611-42-0 73190

ⓒ 김재헌, 천소 2007
이 책은 저작권법에 의해 보호를 받는 저작물이므로 무단 전재 및 무단 복제를 금합니다.
잘못된 책은 구입하신 곳에서 바꾸어 드립니다.

제품명: 10살, 생각을 시작하는 나이 | **제조자명:** 토토북 | **제조국명:** 대한민국 | **전화:** 02-332-6255
주소: 서울시 마포구 잔다리로7길 19, 명보빌딩 3층 | **제조일:** 2025년 4월 21일 | **사용연령:** 8세 이상
* KC 인증 유형: 공급자 적합성 확인
* KC마크는 이 제품이 공통안전기준에 적합하였음을 의미합니다.
⚠ **주의** 책의 모서리에 다치지 않게 주의하세요.

글 김재헌 · 그림 천소

www.totobook.com

10살, 생각의 씨앗을 뿌리자

드디어 만 10살. 이제 막 십대가 되었구나. 축하한다. 그리고 고맙다.

왜 고맙냐고? 너희들이 건강하게 별 탈 없이 자라 주는 것만으로도 이 아빠는 늘 고맙고 감사하거든.

네 나이 10살은 계절로 치면 봄이라고 할 수 있어. 봄은 너희들도 알다시피 가을을 생각하며 씨를 뿌리는 때야. 그래서 이 아빠는 네가 어떤 씨앗을 뿌리면 좋을지 생각해 보았지. 바로 생각의 씨앗이란다.

생각은 우리의 발이나 팔과 같이 근육이 있어서 자꾸 사용하면 커지고 강해져. 생각의 씨앗을 키우면 좋은 열매를 맺을 수 있지.

반대로 생각하기를 싫어한다면 네 씨앗은 흙 속에 묻힌 채 어느 날 그냥 사라져 버릴지도 몰라. 작고 보잘 것 없어 보이는 씨앗을 키울 수 있는 것도 너이고, 그 씨앗을 그냥 사라져 버리게 할 수 있는 것도 너란다. 가끔 네가 컴퓨터 게임에 몰두하느라 네 생각의 씨앗을 그냥 내버려 두는 모습을 볼 때면 아빠는 안타까운 생각이 든단다. 열매를 맺어야 할 시기에 잡초만 무성하게 자라 거둘 것이 없는 일이 생기면 어떡하나 하고.

아빠가 쓸 데 없는 걱정을 한 거라고?

또 다시 고맙단 말을 해야겠구나. 벌써 네 생각의 씨앗이 많이 자란 걸 보니.

그럼 아빠가 너를 위해 작은 도움을 주고 싶은데 받아 주겠니? 생각의 씨앗을 키우는 데 도움이 되는 방법인데, 성공한 사람들의 생각을 네 마음에 심는 것이란다. 아빤 그 중에서도 미국 최고의 시사 잡지인 〈타임〉이 선정한 인물을 소개할까 한다. 이들이 전해 줄 메시지는 얼핏 보면 다 아는 얘기라서 시시해 보일지도 몰라. 하지만 생각을 실천하는 일은 시시한 일이 아니란다. 아주 위대한 일이지. 그 일을 너도 따라해 보지 않겠니?

생각의 씨앗을 많이 심으면 심을수록 더 많은 열매를 거두게 될 테니 말이다. 이것은 자연의 법칙이거든. 아빠가 들려주는 이야기를 통하여 네 안에 심은 씨앗의 싹을 틔우기 바란다.

너희들의 무한한 가능성을 믿는 아빠가

차례

10살, 생각의 씨앗을 뿌리자 4

첫 번째 생각 씨앗 ● 책 세상에 푹 빠져 보기 8
마가렛 대처의 결단력은 어린 시절 독서 습관에서 나왔어.

두 번째 생각 씨앗 ● 부족한 만큼 노력하기 18
윈스턴 처칠은 어떤 순간에도 포기하지 않는 배짱과 용기를 지닌 인물이야.

세 번째 생각 씨앗 ● 싸우지 않고 이기는 법 배우기 28
만델라는 남들이 분노와 미움을 키우고 있을 때 희망과 기쁨을 보았지.

네 번째 생각 씨앗 ● 다르게 생각하고, 다르게 해 보기 38
아인슈타인이 천재인 것은 공부를 잘 했기 때문이 아니라 남들이 보지 못한 세상을 먼저 봤기 때문이야.

다섯 번째 생각 씨앗 ● 하고 싶은 일은 뭐든지 하기 48
루이 암스트롱은 악기를 연주하는 순간 가장 행복했어. 하고 싶은 일을 하는 순간이었으니까.

여섯 번째 생각 씨앗 ● 나를 사랑하기 56
샤넬은 자신만의 개성을 잘 살려서 명품 브랜드를 만들었어.
자신을 사랑하면 그렇게 될 수 있단다.

일곱 번째 생각 씨앗 • **배려하는 마음 가꾸기** 66
간디에게 가장 소중한 것은 자신이 아니라 가난하고 힘든 동포였어.

여덟 번째 생각 씨앗 • **내가 먼저 하기** 74
레이첼 카슨이 먼저 하지 않았다면 우리는 지금쯤 심각한 환경오염으로 고통 받았을지도 몰라.

아홉 번째 생각 씨앗 • **주변 모든 것에서 배우기** 84
고르바초프는 가난한 농부와 하늘과 별, 작은 풀벌레에게서 올바르게 사는 법을 배웠지.

열 번째 생각 씨앗 • **어려운 환경 탓하지 않기** 94
오프라 윈프리는 힘든 어린 시절을 이겨내고, 지금은 많은 사람의 존경을 받는 인물이 되었지.

열한 번째 생각 씨앗 • **정직하기** 104
샘 월튼은 정직해야 큰 이익을 볼 수 있다는 생각을 가지고 일을 했어. 그래서 성공할 수 있었지.

열두 번째 생각 씨앗 • **매일 매일 꿈꾸기** 112
찰리 채플린은 어린 시절 빈민 수용소에서 살면서도 자신이 세계 최고의 배우가 될 거라 굳게 믿었지.

생각 씨앗을 쑥쑥 자라게 하는 긍정의 주문을 걸자 122

첫 번째 생각 씨앗

책 세상에 푹 빠져 보기

아빠 생각   책에서 재미를 느낄 수 있다면 너는 이미 세상을 바꿀 만한 위대한 인물이라고 생각한다.

| 타임이 선정한 위대한 인물 |

마가렛 대처   영국 최초의 여성 수상이야. 가난한 시골 소녀였지만 독서를 열심히 해서 생각의 힘을 키웠고, 그 힘으로 매우 혼란스러웠던 영국의 경제를 되살렸단다.

아는 만큼, 배운 만큼, 생각한 만큼 머리는 자란다

책읽기는 운동하는 것과 같아. 운동을 많이 하면 근육이 생기고 힘도 세어지고 건강해지지. 그걸 알면서도 꾸준히 운동을 하는 게 힘들고 귀찮을 때가 많아.

책을 읽고 머리를 쓰는 것도 마찬가지야. 머리를 놀리면 심심하니까 두뇌 운동을 하긴 해야 하는데, 힘든 운동인 공부나 독서보다 쉬운 놀이인 만화 보기나 게임을 하게 되잖니?

솔직히 말할게. 아빠도 머리 운동하기 싫을 때가 많아. 그래서 잠깐 쉬고 하지 뭐, 하다가 써야 할 원고를 두 달이나 미룬 적도 있어.

그랬더니 해야 할

일이 쌓이고 쌓여서 나중에는 더 큰 힘이 들고 말았어.

네가 게임을 즐기는 것도 마찬가지 이유일거야. 잠깐만 쉬는 건데 뭐, 하고 시작하다가 그냥 빠져들게 되는 거 아니겠니?

아빠나 엄마도 예전 너희들 만할 때는 다 그랬어.

어느 날은 친구들과 바깥에서 술래잡기를 하느라 저녁 시간도 잊고 있다가 아빠, 엄마한테 혼난 뒤, 저녁을 굶고 잔 적도 있었지.

재미있는 일을 놔두고 책을 읽고 생각을 모은다는 건 쉬운 일이 아니긴 하지. 그런데 말이야, 운동도 그렇지만 공부나 독서도 처음이 어렵지, 하기 시작하면 별 거 아니란다.

아빠는 열 살 때 너희 할아버지가 중풍으로 쓰러지시는 바람에 신문 배달을 한 적이 있었어. 새벽 5시 반이면 어김없이 일어나 월요일을 뺀 나머지 6일 동안 신문을 돌려야 했지. 참 힘들었어.

하지만 그 어려움 속에서도 한 가지 재미는 있었어. 매일 신문을 마음대로 볼 수 있었거든. 열 살짜리 아이가 신문을 읽는다고 해서 얼마나 내용을 알겠니? 하지만 매일 신문을 읽다 보니, 읽기 실력도 늘고 세상의 일들이 어떻게 돌아가는지도 알게 되었지. 학교에 가선 친구들에게 아빠가 본 신문에 난 어제 일들을 실컷 얘기해 줬고. 그랬더니 친구들이 그걸 어떻게 알았냐며 놀라곤 했어. 지금도 그때의 습관이 남아서인지 아빤 매일 세 개의 신문을 읽고 있지.

사람은 '아는 만큼' '배운 만큼' '생각하는 만큼' 머리가 자라. 머릿속에는 생각하는 근육이 있어서 단련하면 할수록 더 지혜로워지거든. 영국에도 그런 멋진 여성이 있어. 지금으로부터 20년 전에 영국의 총리가 되어 위기에 빠진 영국 경제를 구한 인물이지 그 얘기를 들어 볼래?

독서는 판단하는 힘을 길러 준다

C 작은 시골 마을 가난한 집에 한 소녀가 있었어. 소녀의 아버지는 교육을 제대로 받지 못한 잡화상 주인이었지. 하지만 소녀의 아버지는, 제대로 교육을 받지 못한 사람도 다른 사람이 쓴 글을 읽으면 생각의 힘을 키울 수 있다고 믿었어. 그래서 늘 딸에게 신문이나 잡지에 난 세상 돌아가는 이야기를 들려주었지. 소녀는 아버지의 이야기를 들으며 생각을 무럭무럭 키워 나갔어.

아버지 덕분에 일찍 글을 배우고 생각의 힘을 키운 소녀는 아버지가 읽다가 내버려 둔 신문이며 잡지 그리고 책들을 읽고 또 읽었어. 처음에는 어려워서 무슨 뜻인지 하나도 몰랐지만 자꾸 읽으니 점점 그 이야기들을 이해할 수 있었고, 이해할 수 있게 되니까 내용이 재

미있어졌어.

시골에는 책이 별로 없기 때문에 글자가 인쇄된 것이면 신문, 잡지, 등 닥치는 대로 읽었지. 그러면서 소녀는 생각하는 힘과 판단력을 키워 나갔어. 이 소녀가 훗날 영국의 총리가 된 마가렛 대처야. 대처는 자신이 결단력 있는 사람이 될 수 있었던 건 "독서를 통해 생각하는 힘을 어릴 때부터 길렀기 때문"이라고 했어.

그녀는 어린 시절 공부를 아주 잘 한 학생은 아니었지만 글을 가까이 하는 습관을 들인 결과 영국 최고의 대학으로 꼽히는 옥스퍼드 대학을 졸업할 수 있었어. 뿐만 아니라 위기에 빠진 영국의 경제를 살린 위대한 지도자가 되었지.

독서나 공부를 하루 이틀 열심히 한다고 해서 당장 어떤 결과가 나타나는 것은 아니야. 꾸준히 하는 습관을 들여야지.

대처뿐만이 아니라 세계의 역사를 둘러보면, 독서가 얼마나 중요한지를 강조한 위인들이 참 많아. 힘 있고 멋있는 글씨체로 유명한 추사 김정희는 "가슴속에 만 권의 책이 들어 있어야 그것이 흘러 넘쳐서 그림과 글씨가 된다"고 했고, 세계 최고의 부자이자 마이크로소프트 사의 회장인 빌 게이츠도 "오늘의 나를 있게 한 것은 우리 마을 도서

관이었다"고 말했어.

지금은 책 읽기보다 게임 한 번을 더 하고 싶겠지만, 나중에 네 세상을 만들려면 어떤 것이 더 중요할까? 조금만 생각하면 스스로 답을 알게 될 거야.

책으로 세상을 바꾸자!

🌟 며칠 전 너한테 주려고 샀던 김문태 선생님이 쓴 《세상을 바꾼 위대한 책벌레들》이란 책에 보니 책으로 세상을 바꾼 사람들의 이야기가 나오더구나. 책으로 어떻게 세상을 바꾸느냐고? 그 책을 보면 이런 이야기가 나와.

궁중의 법도대로라면 세종대왕은 왕이 될 수 없는 사람이었어. 그는 태종의 셋째 아들이었기 때문이지. 원래는 첫째인 양녕대군이 왕이 되어야 했지만 왕위는 셋째인 충녕대군(세종)에게 돌아갔어.

역사의 흐름을 바꿔 놓은 이 같은 사건은 바로 책에서 비롯됐지.

어린 세종은 책 읽기를 너무 좋아했는데 이미 청년이 되기 전에

'춘추' '좌전'은 30번, '사서삼경'은 100여 차례나 반복해서 읽었다는 거야. 그러니 형들보다 총명할밖에. 책을 너무 많이 읽어 눈병이 날 정도였다고 하니, 세종이 글공부를 얼마나 좋아했는지 알겠지? 결국 아버지인 태종은 남달리 총명했던 책벌레 세종을 세자로 책봉해서 사람들을 놀라게 했어.

그뿐 아니라 열다섯 살까지 글 쓰는 법을 몰랐던 링컨 대통령도, 책을 알고 난 뒤에 대통령이 되는 꿈을 갖게 되었어. 또 네가 익히 잘 알고 있는 발명왕 에디슨은 초등학교 1학년밖에 못

다녔지만 엄청나게 책을 읽고, 배운 것은 반드시 실천하는 습관 때문에 결국 발명왕이라는 별명을 가지게 되었지.

　이들을 보면서 네가 무엇인가 깨달았으면 좋겠다. 물론 만화책을 읽는 것도 독서라고 할 수 있겠지만 언제까지나 만화책만 붙들고 있을 수는 없지 않겠니? 책은 가까이 하기가 힘들어서 그렇지 한번 그 재미에 빠져들면 그 어떤 재미와도 비교할 수 없지. 책읽기에서 재미를 느낄 수 있다면 너도 이미 세상을 바꿀 만한 위대한 인물이라고 아빠는 생각한다.

이렇게 해 보자!

책을 고를 때는

책을 읽고 싶은데, 어떤 것을 고를지 모를 때가 있을 거야.
그럴 땐 부끄러워하지 말고 책을 많이 읽은 친구나 선생님께 재미있는 책을 추천해 달라고 해 보자.
인터넷 서점을 검색하거나 서점에 직접 가서 어떤 책이 있는지 살펴보는 방법도 있어.

두 번째 생각 씨앗

부족한 만큼 노력하기

아빠 생각 잘하는 공부를 먼저 시작 하렴, 그러면 자신감이 붙게 돼. 그 자신감을 가지고 네가 부족하다고 생각하는 공부에 도전해 보지 않겠니? 윈스턴 처칠이 그랬던 것처럼.

| 타임이 선정한 위대한 인물 |

윈스턴 처칠 _ 학교를 못 다닐 정도로 부끄럼을 많이 타고, 공부도 못 했지만, 자신의 특기인 글쓰기를 열심히 해서 노벨상을 받은 영국의 정치가이자 저술가란다.

한 자 더 앞서라

E 어린이날을 만든 방정환 선생님이 쓴 이야기 중에 "한 자 더 앞서라"라는 얘기가 있는데 들어 보겠니?

옛날 아시아의 중앙에 페르시아라는 강국이 있었는데 자기 나라가 강하다는 것만 믿고 바다를 건너 그리스로 쳐들어갔어. 그리스 남쪽에는 '스파르타'라고 하는 작은 도시국가가 있었는데, 이 나라가 페르시아의 대군을 맞아 싸우게 되었지.

스파르타는 비록 국토도 좁고 인구도 많지 않은 나라였지만 사람들이 모두 용감해서 싸움이 일어나면 서로 앞서서 전쟁터로 나가면 나갔지, 절대로 물러서는 법이 없었어. 그래서 언제나 다른 나라와의 싸움에서 이기곤 했지.

페르시아의 대군이 쳐들어 왔을 때도 그랬어. 15세 이상의 스파르타 남자는 모두 "나아가 싸우자!"하고 외치면서 용맹하게 전쟁터로 나갔지. 이때 스파르타의 시골에 한 부인이 아들 삼형제를 데리고 살았는데 삼형제 모두 15세를 넘었어. 그래서 어머니 한 분만 남겨 두고 모두 전쟁터에 나가야만 했지.

어머니는 눈물을 꾹 참고, 전쟁터에 나가는 세 아들을 향해 이렇게 말했어.

"너희 아버지도 스파르타 사람을 위하여 목숨을 바쳤으니 너희도 아버지의 이름이 부끄럽지 않게 스파르타를 위하여 용감히 나아가 싸워라!"

그러고 나서 아버지가 남겨 둔 세 개의 칼을 하나씩 내주었지. 칼 두 개는 길고 하나는 조금 짧았는데 짧은 것은 셋째 아들에게 주었어.

"어머니, 저의 칼은 두 형님의 칼보다 한 자나 짧습니다."

셋째 아들이 이렇게 말하니까 어머니는 그 말을 듣고 이렇게

말했지.

"애야, 상대 군사는 칼이 길고 짧음을 가리지 않고 공격할 거다. 네 칼이 형의 칼보다 짧으면 너는 형들보다 한 자 더 앞에 나서서 싸우면 되지 않니."

어머니의 그 말씀은 아들들의 머리에 깊이 박혔단다. 많은 스파르타 사람들이 전쟁에서 용감하게 싸웠는데, 그 중에서도 셋째 아들은 어머니의 말씀을 기억하고 다른 스파르타 군인들보다 한 자 더 앞에 나가서 싸웠대.

부족한 만큼 노력하자

영국의 유명한 정치가이자 저술가였던 윈스턴 처칠을 아니? 처칠은 엄마 뱃속에서 열 달을 채우지 못하고 일찍 태어나 어릴 때부터 몸이 약했어. 몸이 약하니까 공부나 운동을 할 때면 남들보다 많이 뒤떨어졌지. 하지만 훗날 영국의 훌륭한 정치가가 되었어. 그는 어떻게 자신의 결점을 딛고 훌륭한 인물이 될 수 있었을까?

처칠의 아버지는 국회의원을 지낸 정치가였어. 처칠은 명문가에서 태어났지만, 정치 때문에 늘 바빴던 아버지와 어머니는 처칠에게 신경을 써 주지 못했어. 그래서 처칠은 어린 시절 행복하게 지내지 못했지. 게다가 몸이 약해서 시험 도중 기절하기도 했고, 아이들이 놀리면 나무 뒤로 숨을 정도로 수줍음도 많았어. 다른 사람들과 함께 있는 걸 너무 두려워해서 학교에 다니기 힘들 정도였지. 공부도 너무 못해서 중학교도 간신히 들어갈 정도였다고 해.

재미있지 않니? 20세기의 가장 뛰어난 정치가 중의 한 사람인 처칠이, 부끄럼쟁이에 공부를 못해서 중학교에 턱걸이로 들어갔다는 것이.

그렇지만 처칠도 잘 하는 것은 한 가지 있었어. 바로 글쓰기였지. 처칠은 다른 공부보다도 자신이 좋아하는 과목인 글쓰기 공부를 더욱 열심히 했어. 그랬더니 글쓰기 과목 점수가 점점 높아지는 거야. 노력한 만큼 더 잘 할 수 있다는 사실을 알게 되자 자신감도 생기기 시작했지. 그 자신감을 가지고 처칠은 그동안 자신이 노력하지 않았던 다른 과목 공부도 열심히 했고, 진짜로 다른 과목 공부도 잘하게 되었다고 해.

그 후 처칠은 정치가로서 성공하게 되었는데, 뭐든 잘 할 수 있는 일부터 시작하고 모자란 부분을 채워 나간 게 그의 성공 비결이었다고 해. 정치가로 활동하느라 바쁜 가운데도 처칠은 자신이 좋아하는 글 쓰는 일도 꾸준히 해서 20여 권이나 되는 책을 썼고, 1953년에는 정치가로는 처음으로 노벨 문학상을 타기도 했지.

세월이 지나 처칠은 영국 수상이 되었는데, 어느 날 옥스퍼드 대학에서 졸업식 연설을 해 달라는 연락이 왔어. 처칠의 연설을 듣기 위해 온 사람은 굉장히 많았지. 모두들 숨을 죽이고 처칠의 연설이 시작되길 기대하고 있었어. 그런데 처칠이 단상을 향해 뚜벅뚜벅 걸어 올라가서 남긴 말은 단 두 마디였단다.

"포기하지 마라, 절대로 포기하지 마라."

멋진 연설을 기대했던 사람들은 서로 얼굴을 마주보고 어리둥절해했지. 하지만 사람들은 금방 고개를 끄덕이기 시작했어. 처칠이 바로 포기하지 않고 끊임없이 자신의 부족한 부분을 단련시켜서 영국 최고의 수상이 된 사람이니까. 사람들은 그가 남긴 두 마디 말이 최고의 연설임을 금세 알아차렸어.

네 미래는 아직 결정되지 않았어

 처칠을 통해서 네가 몇 가지를 배웠으면 좋겠다.

첫째는 남들보다 부족하다면 자신의 부족함을 인정하되, 죄책감이나 열등감에 빠지지 말라는 거야. 부족하다는 것은 현재까지의 상황이고 앞으로 채울 수 있는 가능성이 얼마든지 있어. 미래는 아직 결정되지 않았거든.

사람은 누구나 좋아하는 것과 싫어하는 것이 있기 마련이야. 공부도 마찬가지야. 아빠는 수학과 체육 과목이 어렵고 힘들었지. 그러다

보니 잘하는 과목과 못하는 과목의 점수 차가 무척 많이 났어. 못하는 과목을 어떻게 하면 잘 할 수 있을까 고민을 하다가 한 가지 방법을 생각해 냈어. 잘하는 과목은 재미있으니까 공부하는 게 지겨울 시간에 하고, 하기 싫고 어려운 과목은 공부가 하고 싶을 때 제일 먼저 붙잡고 하는 거였지. 그랬더니 능률이 올라 나한테 힘들고 어려운 과목을 공부하는 것도 즐거워지기 시작했어.

둘째는 고민에 빠져 걱정할 시간에 부족한 부분을 채우기 위해 노력했으면 좋겠어. 엄마 아빠도 어릴 때 그랬지만, 너희도 시험 친 뒤에 공부 안 한 것을 후회하고 부모한테 혼날 걱정 때문에 성적표를 숨길 때가 많지? 이제는 그러지 않았으면 좋겠다.

다른 이들보다 앞서는 사람은 걱정할 시간에 앞으로 잘하면 된다는 생각으로 얼른 공부를 시작하거든.

처칠도 정치에서 여러 번 실패하고, 경제적으로 어려웠지만 결국 그 환경을 딛고 훗날 노벨상을 받았잖니? 때론 좀 못해도 좋으니 너도 처칠처럼 당당하게, 그리고 기죽지 말고 한 발 앞서겠다는 생각으로 노력하면 좋겠다.

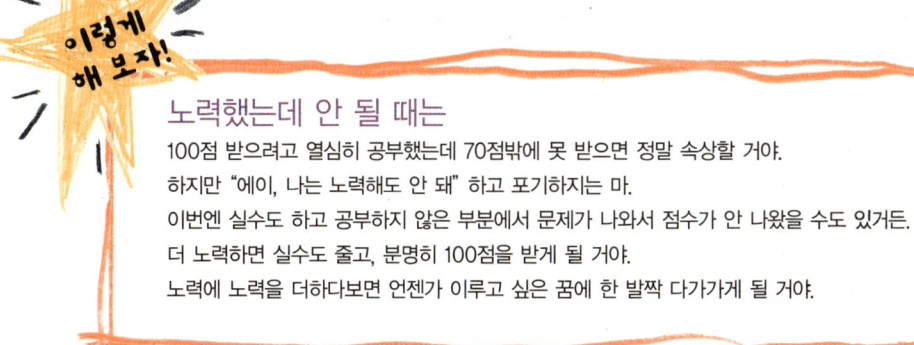

노력했는데 안 될 때는
100점 받으려고 열심히 공부했는데 70점밖에 못 받으면 정말 속상할 거야.
하지만 "에이, 나는 노력해도 안 돼" 하고 포기하지는 마.
이번엔 실수도 하고 공부하지 않은 부분에서 문제가 나와서 점수가 안 나왔을 수도 있거든.
더 노력하면 실수도 줄고, 분명히 100점을 받게 될 거야.
노력에 노력을 더하다보면 언젠가 이루고 싶은 꿈에 한 발짝 다가가게 될 거야.

타임이 선정한 위대한 인물

넬슨 만델라 _ 자신들을 침략한 백인 정부를 용서하고 350여 년간 계속된 남아프리카공화국의 인종차별정책을 끝낸 인물이란다. 이 일로 노벨 평화상도 받았어.

> 세 번째 생각 씨앗

싸우지 않고 이기는 법 배우기

아빠 생각

때때로 사람들은 옳은 것을 위해 싸울 수밖에 없다고 하지. 하지만 그렇게 싸우면 평화는 영영 오지 않을 수도 있단다. 불의나 억압에 맞서 싸우는 용기보다 더 큰 용기가 필요한 때는 바로 용서할 때란다.

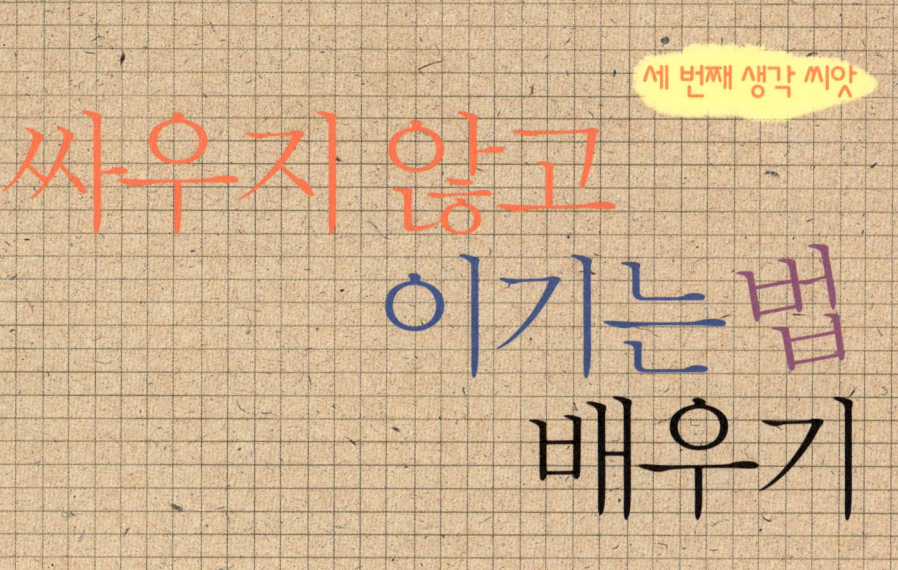

지는 게 이기는 것, 용서하는 게 이기는 것

어제 학교에서 돌아오는 너의 표정이 심상치 않았어. 머리는 헝클어져 있고 얼굴과 목에는 살짝 긁힌 자국이 있었지. 또 입술은 부풀어 올라 침을 뱉을 때마다 피가 나오는 것을 보았단다. 학교에서 무슨 일이 있었느냐고 물었더니, 친구와 싸웠다고 했지? 그렇게 심하게 싸우고도 분이 풀리지 않았는지, 너는 도저히 용서할 수 없다며 내일 또 싸울 거라고 얘기했어. 내가 싸우지 않고도 이기는 법에 대해 이야기했지만 넌 듣지 않는 것 같더구나.

그런 너를 보면서 아빠의 어릴 적 모습이 떠올랐어.

어느 날, 아빠는 동네 친구에게 얻어맞았단다. 나는 너무 분해서 동네 어귀에 숨어 있다가 연탄재를 그 녀석의 얼굴에 던졌어. 제대로 맞았지. 연탄재가 눈에 들어갔는지 녀석은 소리를 지르며 땅 바닥에 데굴데굴 굴렀어. 처음엔 시원하게 복수했구나 싶어서 통쾌하기까지 했어. 하지만 나중에 눈에 연탄재가 들어가서 큰일 날 뻔했다는 이야기를 듣고는 아빠의 마음은 편치 않았단다.

만약에 눈에 이상이 생겨 앞을 보지 못하게 되었으면 어떻게 되었을까? 다시 길에서 만나면 얼굴을 어떻게 보지? 하는 생각 때문에 가슴이 뛰어 견딜 수가 없었거든.

아빠는 그때 복수하는 것은 절대로 문제를 해결하는 방법이 될 수 없다는 것을 깨달았던 것 같아.

지는 것이 이기는 것이고 용서하는 사람이 이기는 사람이 된단다. 넬슨 만델라가 보여 준 용서의 힘을 보면서 너도 친구를 용서하기 바란다.

넬슨 만델라의 용기를 배우자

넬슨 만델라라는 사람을 아니? 그는 350년 넘게 계속된 남아프리카공화국의 인종차별정책을 끝낸 인물이야.

어린 만델라는 아프리카의 옛날이야기를 듣고 자라면서 자신들이 잃어버린 자유에 대해 알게 되었어. 청년이 되어서는 자유가 없어서 당하는 차별이 얼마나 억울하고 부끄러운 일인지를 자주 경험하게 되었고.

원래 남아프리카공화국은 흑인들의 땅이었지만, 네덜란드 인들이 차지해 350년 동안 흑인을 차별하고 자유를 빼앗고 있었거든. 누구보다 정의롭고 자존심 강했던 만델라는 자기 민족에게 자유를 주기 위해 용기를 냈어. 당하고만 살 수 없다고 생각하고 총을 들고 백인들에게 대항했어.

"아프리카가 원래 누구의 땅인데, 감히… 용서할 수 없다."

게릴라로 활동하던 그는 결국 백인 정부에 잡혀 투옥되었어. 그리고 외딴섬에 갇혀 있다가 27년 만에 풀려났지.

그가 풀려나던 날 사람들은 그를 보고 너무 놀랐단다. 젊은 시절에 감옥에 들어갔다가 백발이 희끗희끗해서야 풀려났는데도 만델라는 너무 건강했거든.

그는 자서전에서 그 이유를 이렇게 소개했지.

"다른 사람들은 죄수들에게 주어지는 노동 시간이 되면 원망스러운 마음으로 끌려갔지만, 저는 좁은 감옥보다 넓은 자연으로 나가는 것이 즐거웠습니다. 노동을 하느라 몸은 힘들었지만 하늘을 보고 새소리를 들을 수 있었기 때문에 기쁜 마음으로 일했습니다."

남들은 자신을 감옥에 가둔 사람들을 못 잊어 마음속에 분노와 미움을 키우고 있을 때, 만델라는 감옥 뒤뜰에서 채소를 가꾸며 생명의 신비로움을 느낄 수 있다는 것을 기뻐하며 26년을 보낸 거야.

1993년 만델라는 당시 남아프리카공화국의 대통령이던 르 클레르크와 함께 노벨 평화상을 받았어. 전 세계 곳곳에 있는 갇힌 자, 억눌린 자, 소외된 자들의 희망이 되었지. 그리고 그는 자기를 때리고 가두고 동포를 죽음으로 몰아넣은 사람들을 아무 조건 없이 용서함으로써 흑인들의 자유를 얻어냈어.

때때로 사람들은 옳은 것을 위해 싸울 수밖에 없다고 한다. 하지만 그렇게 싸우면 평화는 영영 오지 않을 수도 있어. 불의나 억압에 맞서 싸우는 용기보다 더 큰 용기가 필요한 때는 바로 용서할 때란다. 만델라를 보면 알겠지?

진정한 용서는 겸손한 마음에서 나온다

16세기 영국의 위대한 여왕 엘리자베스 1세를 암살하려던 여인이 있었어. 이 여인은 궁정의 시종으로 변장해서 여왕의 침실에 숨

어들지. 그리고 때가 오면 찌르려고 예리한 칼을 품었어. 그러나 여왕의 신하들은 여왕이 들어오기 전 침실을 수색해서 그를 발견했단다. 옷장에서 끌려나온 여인은 여왕 앞에 무릎을 꿇리었어. 등은 창자루로 무자비하게 눌리고 있었고. 여인은 두려움에 떨며 용서를 구했단다. 노한 여왕은 물었지.

"내가 너를 용서하면 그 대가로 무엇을 주겠는가?"

그러자 암살하려던 여인은 여왕을 우러러보며 대답했어.

"조건을 다는 은혜는 은혜가 아닙니다."

여왕은 잠시 생각했지. 그리고 말했어.

"네가 옳다. 나는 너를 조건없이 용서한다."

결국 여인은 자유의 몸이 되는데, 그 후 이 여인만큼 무조건적으로 여왕에게 헌신한 사람은 없었다고 해.

미워하고 증오하는 마음을 가지면 어떤 상황이 되더라도 행복해질 수가 없어. 마음속이 편안하지 않으니까. 하지만 용서하고 이해하는 마음을 가지면 아무리 힘든 상황에 처해 있더라도 행복할 수 있단다. 진정한 용서는 자신의 마음을 행복하게 만들지.

진정한 용서는 마음이 겸손한 사람에게서 나온단다. 이런 이야기를 한 번 들어 보겠니?

　중국 송나라의 태종이 얼굴을 벌에 쏘인 적이 있었어. 조정의 아부를 잘하던 신하들 사이에 야단이 났지. 이는 대역에 버금가는 죄라 하여 다음과 같은 결정을 내렸어.

　벌은 반드시 잡아 사형에 처하고, 당시 임금님의 뒤에서 부채질을 하던 시녀에게는 벌을 쫓지 못한 죄로 출궁형(궁중에서 내쫓기는 벌)을 내리자고 태종에게 아뢰었지.

　궁중 안에서 코미디가 벌어진 거야.

이를 전해 들은 태종은 겸손한 마음으로 이렇게 말했어.

"양쪽을 모두 용서하여라. 지각없는 벌에게 형벌을 내린들 무슨 소용이 있겠느냐? 또 용안(임금의 얼굴)에 벌이 앉았다고 어떻게 시녀가 임금의 얼굴을 때려 벌을 쫓을 수 있겠느냐? 모두 이해하거라."

이 일로 인해 사람들은 태종을 더욱 존경하며 따랐다고 해. 이런 마음을 가진 태종이 나라를 잘 다스린 덕으로 송나라는 중국 역사상 가장 문화가 발달하여 멀리 유럽에까지 그 세력을 떨치게 되었지.

용서하고 양보하는 마음은 겸손에서 나온단다. 자기의 위치보다 자세를 낮추기 때문에 용서가 되는 것이지. 훌륭한 사람은 쉽게 용서할 줄 아는 사람이 되는 것이라 할 수 있지.

너무 화가 날 때는

싸우지 않는 게 좋은 건 알지만 너무 화가 날 때가 있을 거야.
그땐 마음속으로 하나, 둘, 셋… 천천히 숫자를 세어 보자. 힘껏 달리기를 하거나, 노래를 틀어 놓고 같이 따라 불러도 좋아.
그러면 마음속의 화가 조금씩 사라지는 걸 느낄 수 있을 거야.

네 번째 생각 씨앗

다르게 생각하고, 다르게 해 보기

아빠 생각 많은 사람과 이야기를 해 보고 생각을 많이 해 보렴. 그러면 네 머릿속에는 이야기를 하면서 새로 알게 된 정보나 깨달음이 이렇게 저렇게 연결되면서 새로운 생각들이 만들어진단다.

타임이 선정한 위대한 인물
알버트 아인슈타인 남들은 상상도 못 하던 특수상대성이론을 발표하여, 노벨상을 받았단다. 이 이론을 통해 인류는 원자력이 새로운 에너지가 될 수 있다는 것을 알게 되었지.

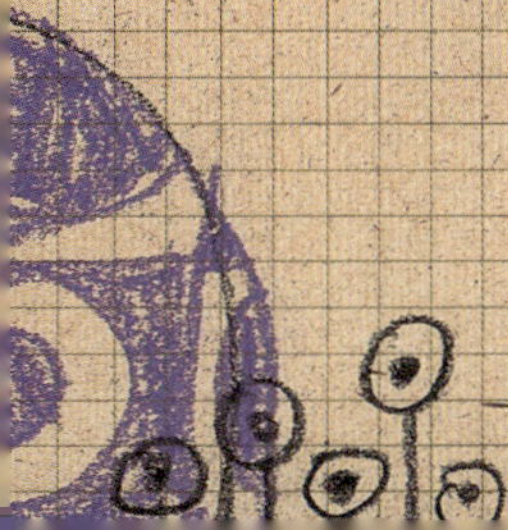

다르게 생각하기

예전에는 한 가지만 잘해도 성공하는 사람이라고 말했지. 도자기공은 도자기만 잘 만들면 되고, 짚신을 삼는 사람은 짚신 삼는 일 한 가지만 잘해도 먹고 사는 데는 지장이 없었거든.

하지만 지금은 많은 것이 합해져서 하나를 만들기도 하고, 하나가 여러 가지의 형태로 만들어지기도 하는 시대야. 평면적 사고나 지식은 이미 다 개발되었기 때문에 다면적인 사고와 지식이 필요해.

또 기억해야 할 것은 예전에 비해 받아들여야 할 정보의 양이 무척 많아졌다는 것이지. 이런 시대에는 한 가지를 잘하는 '한 우물 파기 정신'도 중요하지만, 다른 영역에 대해서도 잘 알아야 해. 생각을 바꾸고 상상력을 펼치면 의외로 많은 것이 눈에 들어온단다.

열한 살 난 한 아이가 있었지. 이 아이는 동물원에 갈 때마다 궁금한 것이 있었어.

"왜 동물들을 우리 속에 가두어 놓을까?"

그렇게 생각하다가 또 다른 생각이 꼬리를 물고 일어났어.

"동물들은 원래 정글이나 초원에서 뛰어 놀아야 하는 게 아닐까?"

그렇게 생각하자 또 다른 생각이 꼬리를 물고 일어났지.

"차라리 사람을 우리에 가두어 두면 어떨까?"

그리고 마지막에는 이런 결론에 다다랐지.

"맞아! 사람은 우리 속에 있고 동물들은 초원에 있으면 훌륭한 동물원이 되겠구나."

이렇게 생각을 바꾼 끝에 나온 것이 아프리카 케냐의 '사파리 자연 동물원' 이야. 우리나라에도 용인에 가면 이러한 자연 동물원이 있지. 사람들이 차를 타고 다니면서 동물 구경을 하는데 그 차에 탄 사람은 밖으로 나올 수 없게 보호장치가 되어있으니 우리나 다름없지. 조금만 다르게 생각하면 새로운 세상을 만들 수 있지 않겠니?

머리가 나쁜 사람은 없다

 "난 머리가 나빠서 안 돼."

우리는 종종 이런 말을 하는 사람을 주위에서 볼 수 있어. 과연 그럴까?

아인슈타인도 학생 시절엔 낙제를 했대. 그러나 오늘날 그는 누구보다도 훌륭한 과학자로 역사에 기록되었지. 사람의 머리는 쓰면 쓸수록 좋아져.

많은 사람과 이야기를 해 보고 혼자만의 생각을 많이 해 보렴. 그러면 네 머릿속에는 이야기를 하면서 새로 알게 된 정보나 깨달음이 이렇게 저렇게 연결되면서 새로운 생각들이 만들어진단다.

어떤 청년이 여행을 하다가 산 속에서 길을 잃었어. 그는 가까스로 구출되었는데 그 후에도 오랫동안 '나처럼 또 산 속에서 길을 잃고 헤매는 사람이 생길 거야. 그들을 도울 방법이 없을까?' 하고 생각했어.

그는 오랫동안 생각한 끝에 손목시계에 나침반을 붙였어. 이것이 그를 발명가로 변신시켰지.

머리는 한없는 보물의 창고며, 알리바바의 요술램프와도 같아. 그 창고를 열어 생각이라는 보물을 계속 다듬고 가꾸면, 미래는 네가 생각하는 것보다 더 행복해질 거야. 다르게 생각하는 것이 창의력이라는 사실을 기억해 두렴.

중국 송나라 땐 이런 일도 있었어. 어른들이 모두 일터에 나간 사이에 동네 아이들이 물이 가득 찬 큰 독에 올라가 놀고 있었다. 그러던 중 한 아이가 실수로 그만 독 속으로 빠지고 말았지. 같이 놀던 아이들은 어쩔 줄 몰라 하며 "사람 살려요. 사람이 빠졌어요"라고 소리를 쳐 댔어. 그러나 마을 어른들이 모두 일터에 나간 터라 도움을 받을 길이 없었지. 아이들은 마땅히 구할 방도가 없어 발만 동동 구르며 안타까워했어. 그런데 이를 멀리서 지켜보던 한 아이가 앞으로 불쑥 나오더니 큰 돌을 집어 독을 힘차게 내리치는 거야. 그러자 독이 깨지면서 콸콸 쏟아지는 물과 함께 아이도 함께 밖으로 빠져 나왔어. 물에 빠진 아이를 구하려면 '독 위로 끌어 올려야 한다'는 고정관념에서 벗어나 '독을 깬다'는 남다른 생각을 한 것이지. 바로 그 소년이 송나라 시대의 유명한 대학자 사마광이야.

생각을 다르게 하면 해답이 보이고 해결책이 보인단다. 그러므로 어떤 사물을 보든지 간에 너만의 독창적인 생각을 하는 연습을 해 보렴. 그래야만 생각이 깊어져서 결국엔 남다른 사람이 되는 법이지.

어떻게 하면 우리도 생각의 우리를 깨고 사고의 유연성을 통해 창의적인 발상을 할 수 있을까?

첫째, 우선 의문을 가져야 해. 독창적인 생각은 '왜'에서 출발하거든. 둘째, 기록하는 습관을 키워야 해. 아이디어의 90%는 깜빡하는 순간에 사라진단다. 셋째, '온고지신(溫故知新)' 옛 것을 배워 새로운 것을 익힌다는 말을 꼭 기억하렴. 배움의 길은 독서에서부터 시작한다는 것은 알겠지? 넷째, 표현력을 키워야 해. 구슬도 꿰어야 보배가 되듯이 타인을 설득하지 못하는 아이디어는 소용없어.

우선 이 네 가지를 염두에 두고 실천한다면 너는 아인슈타인같은 위대한 과학자가 될 수 있어.

우리 뇌의 1%만 써도

20세기 최고의 과학자로 불리는 아인슈타인은 어린 시절 말없이 혼자 놀기를 좋아했어. 그래서 가족들은 걱정이 많았지. 게다가 학교 성적도 너무 안 좋아서 도중에 그만 두고 말았어. 아인슈타인이 다니던 학교의 선생님은 '너의 존재가 내 학급에 대한 자긍심을 잃게 한다'면서 그를 퇴학시켰지. 그런 그가 어떻게 최고의 과학자로 성공할 수 있었을까?

어린 시절부터 말없이 혼자 놀던 아인슈타인은 사실 머릿속으로 수많은 것들을 생각하고 있었던 거야. 너무 생각하는 일에 빠진 나머지 학교 공부를 제대로 따라갈 수 없을 정도였지.

그는 과학자로 성공한 후에 이렇게 말했어.

"책을 들추어 금방 찾아낼 수 있는 지식을 남보다 더 많이 아는 것이 중요한 게 아니다. 책에 없는 것, 아무도 생각하지 않은 것을 남보다 먼저 생각해 내는 것이 중요하다."

인간은 무한한 가능성을 가지고 있단다. 독일의 에코노모란 뇌 학자가 인간의 머리를 자세히 연구해 보니, 인간의 대뇌피질을 펼쳐 놓으면 신문지 한 장을 편 것 만하다는 결과가 나왔어.

그런데 놀라운 것은 그 안에는 136억 5300만 개의 뇌세포가 들어 있다는 거야. 그런데 괴테는 일생 동안에 그 뇌세포의 0.4%를 사용하였다는구나. 세계에서 가장 뇌를 많이 썼다는 아인슈타인도 0.6%를 사용했을 뿐이었대. 그러고 보니 인간 중에는 뇌의 1% 조차도 다 사용한 사람이 없다는 얘기가 되는구나.

우리가 자신의 능력을 잘 갈고 닦는다면 누구나 무엇이든 할 수 있단다. 자신을 믿으렴. 그러면 뇌는 네 믿음을 따라 실력을 발휘하게 될 거야. 해 보지 않고 미리 안 될 거라고 생각하는 바람에 네가 가진 가능성의 99%를 열어 보지 못하고 포기하지 않길 바란다.

지금부터라도 네가 가진 뇌세포를 맘껏 써 보지 않겠니?

재미있는 생각이 떠오를 때는
길을 걷다가 반짝 하고 재미있는 생각이 떠오를 때가 있을 거야. 머릿속에 기억해 두었는데 조금만 지나면 금방 잊은 적도 있을 거고. 이럴 때를 대비해서 조그만 수첩을 항상 가지고 다니자. 그러면 너의 좋은 생각을 잊지 않고 모아둘 수 있을 거야.

다섯 번째 생각 씨앗

하고 싶은 일은 뭐든지 하기

아빠 생각 너만의 세계는 어떤 거니? 아직 너만의 세계를 찾지 못했다면, 먼저 여러 가지를 경험해 보렴.

[타임이 선정한 위대한 인물]

루이 암스트롱 _ 불우한 어린 시절을 보냈지만, 음악에 대한 열정 하나만 가지고 바닥부터 시작해 실력을 키워서 마침내 최고의 재즈 음악가가 되었지.

'열정'은 해야 한다는 생각이 끊임없이 넘치는 것이란다

어느 학교 교실에 불이 났어. 한 소년이 화상을 심하게 입고 병원으로 실려 갔지. 소년을 진찰하던 의사는 심각한 표정으로 이렇게 말했어.

"다리의 신경과 근육들이 화상으로 다 파괴되었기 때문에 평생을 휠체어에서 지내야만 합니다."

그 후, 소년은 의사의 말대로 침대에 누워 있거나 휠체어에 갇혀 지내야만 했어.

그러던 어느 날, 소년의 어머니가 소년에게 신선한 공

기를 마시게 해 주려고, 소년을 휠체어에 태워 앞마당으로 나갔지. 소년은 어머니가 집안으로 들어간 틈을 타서 휠체어에서 몸을 던져 마당의 잔디밭에 엎드렸어. 그리고 팔로 다리를 잡아끌면서 잔디밭을 가로질러 기어가기 시작했지. 그 이후로 소년은 날마다 그 행동을 했단다. 너무 열심히 한 나머지 담장 밑을 따라 잔디밭에 하얗게 길이 생길 정도였어.

이렇게 일어서고야 말겠다는 생각, 해야 한다는 생각이 끊임없이 넘칠 때 사람들은 그것을 '열정'이 있다고 말한단다.

아무도 소년이 걸을 수 없다고 했지만 열정이 소년을 걸을 수 있게 만들었지. 소년은 드디어 학교에도 가게 되었어. 학교생활을 하던 어느 날, 소년은 육상부 학생들을 보게 되었어. 그걸 보고는 자기도 달리기 선수가 되기로 결심하지. 남들만큼 빨리 걷지도 못하는데, 뛰고 싶다는 생각을 하는 소년이 놀랍지 않니?

소년은 그 날부터 달리는 연습을 시작했단다. 몸이 불편했기 때문에 연습하는 시간은 너무 고통스러웠어. 그래서 중간에 그만 두려고도 생각했지만, 육상선수라는 자신의 꿈을 이루기 위해 끝없이 노력했단다. 달리기 연습은 소년이 커서도 계속 되었지. 어른이 된 뒤, 마침내 1마일(약 1.6km) 달리기라는 종목에서 세계 신기록을 세웠단다. 그의 이름은 글렌 커닝햄이라고 해.

열정만 있으면 사실 이 세상에는 못 이룰 일이 없단다.

하고 싶은 일이 있다면...

♪ 하고 싶은 일, 갖고 싶은 것이 있다면 최선을 다해 노력해 보렴. 네 바람을 분명히 이루게 될 거야. 루이 암스트롱이라는 세계적으로 유명한 재즈 음악가의 이야기가 그런 너에게 도움이 될 것 같구나.

암스트롱은 아버지가 없이 태어나 빈민가에서 아주 어렵게 자랐어. 어려운 환경 때문에 어린 시절부터 껌팔이도 했고, 학교를 그만두고 불량배로 지내기도 했지. 그렇게 나쁜 짓을 하다가 결국 소년원에 가고 말았어.

암스트롱은 자신의 인생이 끝났다고 생각했지만, 우연히 소년원에 있는 브라스 밴드에서 코넷이라는 악기를 연주하게 되면서 새로운 삶이 시작됐어.

그가 얼마나 음악을 좋아했느냐 하면, 소년원을 나온 뒤로 계속 연주를 하기 위해 광부, 신문 배달, 청소부 등 닥치는 대로 일을 했다고 해. 악기를 연주하는 순간이 너무 행복했기 때문에 그랬지.

그는 그렇게 돈을 모아 악기를 사고 이곳저곳을 찾아다니며 연주를 하기 시작했어. 비록 유명하진 않았지만 꾸준히 연주하면서 최선을 다해 자신의 실력을 키워 나갔던 거야.

50년 넘게 연주 생활을 하면서

세계적인 재즈의 거장으로 많은 사람들의 사랑을 받게 되었어. 재즈 음악에 있어서 그보다 더 높은 자리에 올라간 사람은 없다할 정도로 그는 완벽한 실력을 갖추게 되었지.

어린 시절은 불우했지만 재즈 음악이라는 자신의 세계를 발견하여 최선을 다해 실력을 쌓은 그야말로 인생의 진정한 승리자가 아닐까?

미치지 않으면 이룰 수 없다

옛말에 '불광불급(不狂不及 미치지 않으면 미치지 못 한다)' 이라는 말이 있어. 무슨 일이든지 열정을 다하지 않으면 바라는 것을 이룰 수 없다는 뜻이지. 지금 남아 있는 훌륭한 예술 작품이나 문학 작품은 누군가의 피눈물 나는 노력과 미친 듯 한 열정 속에서 이루어진 것들이란다.

조선 시대 왕실의 친척이었던 학산수란 이가 있었어. 그는 노래를 잘 부르는 명창으로 이름이 높았지. 이 사람은 산에 들어가 노래 공부를 할 때는 반드시 신발을 벗어 앞에 놓고 노래 한 곡을 부른 뒤에 모래 한 알을 주워 신발에 담았어. 또 한 곡이 끝나면 다시 모래 한 알을 담았고, 또 한 곡이 끝나면 모래 한 알을 담고…. 그렇게 해서 모래가 신발에 가득 차면 그제야 산에서 내려왔다고 해.

위대한 예술가는 하나의 예술 작품을 탄생시키기 위해 이러한 고통을 마다하지 않는단다. 나를 완전히 잊고 오로지 자신의 세계 속으로 빠져드는 열정이 있어야만 위대한 예술이 탄생하지.

루이 암스트롱에게도 재즈라는 음악의 세계는 평생을 바쳐야 할 자신만의 세계였어. 너만의 세계는 어떤 거니?

하고 싶은 일이 많을 때는
영어공부, 축구, 만들기를 한꺼번에 하고 싶을 때가 있을 거야.
그럴 땐 하고 싶은 일의 순서를 정하자.
영어공부는 테이프를 들으며 혼자 해도 되고, 축구는 친구들이 있을 때 할 수 있고, 만들기는 재료를 준비해야 해. 그럼 가장 먼저 할 일이 뭔지 순서를 정할 수 있겠지?

여섯 번째 생각 씨앗

나를 사랑하기

아빠 생각 사람은 살다 보면 가끔씩 다른 사람의 말에 상처를 받기도 해. 하지만 그 말에 너무 실망하지 않았으면 좋겠구나.

| 타임이 선정한 위대한 인물 |

코코 샤넬 남다른 자신의 옷차림을 개성으로 잘 살려서, 세계에서 처음으로 '샤넬'이라는 명품 브랜드를 탄생시켰지.

넌 소중하단다

오늘 학교에서 돌아오면서 화가 나 씩씩거리는 너를 보았단다. 현관문을 열자마자 엄마를 향해 이렇게 외쳤지?

"왜 날 이렇게 작게 낳았어요? 내가 키가 너무 작아서 아이들이 놀리고 깔본단 말이에요."

그러고는 넌 네 방으로 들어가 한동안 나오지 않았어. 그 모습을 보고 아빠의 어릴 적 생각이 나서 피식 웃었다.

아빠도 너 만할 때 '내 키가 10cm만 더 컸어도' 하고 바란 적이 있었거든. 하지만 사람들마다

다르게 생긴 것처럼 키도 다른 거야. 어떤 사람은 작고, 어떤 사람은 크고. 중요한 건 네가 세상에 있다는 거지. 넌 아빠 엄마의 소중한 아들이거든. 네 친구들도 마찬가지로 집에 돌아가면 아빠 엄마의 소중한 아들, 딸이란다. 그러니 생김새를 가지고 놀리거나 괴롭히면 안 되겠지?

일본에 팔과 다리가 없이 태어난 오토다케 히로타다라는 사람이 있어. 그는 《오체불만족》이라는 책을 써서 많은 사람들에게 감동을 주었지. 오토다케는 자신의 몸은 개성이 아주 강할 뿐이라고 말했어. 다른 사람들은 팔과 다리가 둘씩 있는데 자신은 하나도 없으니 얼마나 개성이 있느냐고 말이야. 이처럼 생각하기에 따라서 단점이 개성이 될 수도 있단다.

못난이 아기 토끼 이야기를 들으면서 네 키가 작은 것이 개성인지, 단점인지 잘 생각해 보렴.

미움 받느니 내 멋대로 살겠다고?

💕 어느 숲 속 마을에 많은 동물들이 모여 살고 있었어. 그 중에는 아기 토끼도 있었지. 아기 토끼는 지난 겨울, 덫에 치어 구르는 바람에 한 쪽 눈이 안 보이게 되고, 다리를 절게 되었어. 다른 동물들은 그런 아기 토끼를 보고 '못난이'라고 불렀어.

'왜, 다른 동물들은 나만 보면 피할까?'

아기 토끼는 고개를 갸우뚱거리면서 거울을 들여다보았어. 눈에 흉터가 있어서 자기가 보기에도 흉한 얼굴이었지. 아기 토끼는 못생긴 얼굴 때문에 자기도 모르게 화가 났어.

"에이, 어차피 미움 받을 거라면 내 멋대로 해야지."

아기 토끼는 중얼거리면서 다른 동물들이 노는 곳으로 모래를 뿌리면서 달려갔어.

"못난이! 못난이가 심통을 부린다!"

"도깨비 같은 얼굴로 우리 친구가 되려고 하다니."

다른 동물들이 아기 토끼를 약 올리면서 도망갔어. 아기 토끼는 그 동물들을 쫓다가 말고 소리 내어 엉엉 울었지. 약 올라서 분하기도 하

고 동물 친구들이 자기만 놀리고 따돌렸으니까 너무 슬펐던 거야.

그때 바람이 지나가면서 아기 토끼의 귀에 작은 소리로 속삭였단다.

"얼굴이 곱다고 마음씨가 다 고운 건 아니란다. 네 마음이 얼마나 아름다운지 나는 알고 있어. 오늘부터 착한 일만 해 보렴. 그러면 다른 동물들이 너를 '못난이'라고 놀려대지만은 않을 거니까."

아기 토끼는 귀가 솔깃했어. 그리고 바람이 일러준 대로 착하게 행동했단다. 그렇게 일주일을 보내고, 한 달이 지나고, 일 년이 흘렀어. 처음에는 마지못해서 착하게 행동했지만 나중에는 즐거운 마음으로 친절하게 친구들을 대했지. 그러자 다른 동물들이 하나둘 아기 토끼를 칭찬하기 시작했어. 아기 토끼는 덫에 다치기 전처럼 친구들과 행복하게 지낼 수 있게 되었단다.

사람은 입는 옷이나 생긴 모양으로 대접받는 것이 아니란다. 네 마음씨가 고우면 사람들이 그것을 인정하고 좋아하는 거야.

난 누구와도 달라

💗 "사람들은 나의 옷 입은 모습을 보고 비웃었지만 그것이 바로 내 성공의 비결이었다. 나는 그 누구와도 달랐다."

이 말을 한 사람이 누군지 아니? 세계에서 처음으로 명품을 탄생시킨 코코 샤넬이야.

샤넬은 세계 여성들이 갖고 싶어 하는 향수, 샤넬 No.5로 세계 최고가 됐고, 일하는 여성을 위한 정장, 발꿈치가 드러나는 구두, 체인 끈이 달린 핸드백 등, 독특한 디자인을 처음으로 소개했단다. 그뿐만이 아니야. 사람들이 명품이라고 말하는 '샤넬' 브랜드를 전 세계에 퍼뜨린 사람이야.

샤넬은 또 이런 말을 했어.

"가장 아름다운 옷차림은 남과 다른 옷차림이다."

즉, 나에게 맞도록 개성 있게 옷을 입었다면 명품을 입은 거나 마찬가지란 거지.

오늘 친구가 너한테 한 말 때문에 마음이 많이 상했을 거야. 사람은 살다 보면 가끔씩 다른 사람의 말에 상처를 받기도 해. 하지만 그 말에 너무 실망하지 않았으면 좋겠구나. 대신 사람들이 왜 그런 말을 했을까 하고 이유를 생각해 봐.

만약 그 이유가 너의 잘못된 점을 지적한 것이라면 고치면 되는 것이고, 네 생각에 잘못이 아니라 그냥 남과 다를 뿐이라는 확신이 들면, 그것은 너의 개성이니까 더 가꾸고 발전시켜야 하지 않을까?

자신이 없을 때는

친구보다 키가 작거나 노래를 못해서 속상할 때가 있을 거야.
그럴 땐 나의 장점, 내가 잘하는 게 뭔지 생각해 보자. 목소리가 예쁘고, 청소를 잘 하고, 그림을 잘 그린다고?
그것 봐. 네가 잊고 있을 뿐, 너의 장점은 이렇게 많아. 자신이 얼마나 사랑스러운지 알겠지?

일곱 번째 생각 씨앗

배려하는 마음 가꾸기

아빠 생각 네가 친구와 싸우게 됐을 때는 마음속으로 다시 한 번 생각해 보길 바란다.
'내가 만약 친구라면…'

| 타임이 선정한 위대한 인물 |

마하트마 간디 자신의 조국 인도가 영국의 식민지가 되어 동포들이 억울한 일을 당하고 있다는 것을 깨닫고는 비폭력 운동으로 인도의 독립을 이룬 사람이야.

마틴 루터 킹 흑인 인권운동가로 다른 사람을 배려하는 마음에서 인종차별 폐지 운동을 시작했어. 이 운동은 결실을 맺어 킹은 1964년에 노벨 평화상을 받았지.

사람과 동물의 차이는 뭘까?

'이솝우화'로 유명한 이솝은 어렸을 때 노예였어. 하루는 그의 주인이 이솝에게 이런 심부름을 시켰지.

"이솝아, 목욕탕에 가서 사람이 얼마나 많은지 보고 오렴."

이 말에 이솝은 곧장 목욕탕에 갔어. 목욕탕엔 셀 수 없이 많은 사람들이 들락거리고 있었는데, 하필 목욕탕 앞에 뾰족한 돌멩이 하나가 솟아 있어서 매우 위험해 보였지. 사람들은 지나다가 그 돌멩이에 걸려 넘어져 다리를 다치기도 하고, 코가 깨지기도 했어.

그런데 사람들은 참 이상했어.

"에잇, 빌어먹을 돌멩이. 도대체 누구야, 여기에다 돌멩이를 버린 자가?"

이렇게 돌멩이에 걸려 다쳤으면서도 화를 내거나 욕을 할 뿐, 아무도 그 돌을 치우는 사람이 없는 거야.

이솝은 누가 그 돌을 치우는지 그 자리에서 지켜보기로 했어. 시간이 계속 지나도 그 돌을 치우는 사람은 아무도 없었어.

시간이 한참 흐른 뒤였어. 한 청년이 목욕탕으로 들어가다가 돌부

리에 걸려 넘어질 뻔했어. 그는 "아니, 웬 돌멩이야" 하면서 몸을 숙여 단숨에 그 돌멩이를 뽑아서, 사람이 다니지 않는 구석으로 치웠어. 그제야 이솝은 빙그레 웃으며 목욕탕 안에는 들어가 보지도 않고 주인에게 달려가 이렇게 말했어.

"주인님, 지금 목욕탕에는 사람이 단 한 명밖에 없습니다."

이솝이 말한 사람이 누구겠니? 그 사람은 바로 돌멩이를 빼 낸 그 청년이지.

남을 이해하고 배려하는 마음이 없다면 사람이 동물과 무슨 차이가 있겠어? 너도 스스로 어떤 사람인지 가만히 생각해 보렴.

간디의 신발 한 짝

맨발의 성자로 유명한 간디가 여행을 할 때의 일이야.

플랫폼에서 막 출발하려는 기차에 간디가 올라탔을 때 그의 신발 한 짝이 벗겨져 플랫폼 바닥에 떨어졌어. 하지만 기차가 이미 움직이고 있었기 때문에 간디는 그 신발을 주을 수가 없었지. 그러자 간디는 얼른 나머지 신발 한 짝을 벗어 기차 밖으로 떨어뜨렸어. 함께 여행을 하던 사람들은 간디의 그런 행동에 깜짝 놀랐지. 이유를 묻는 한 승객의 질문에 간디는 미소를 지으며 말했어.

"어떤 가난한 사람이 바닥에 떨어진 신발 한 짝을 주웠다고 생각해 보십시오. 그에게는 그것이 아무 쓸모가 없을 겁니다. 하지만 이제는 나머지 한 짝마저 갖게 되지 않겠습니까?"

대개의 사람들은 허둥지둥 할 그 짧은 순간에 간디는 어떻게 이런 생각을 할 수 있었던 것일까?

바로 다른 사람을 생각하는 마음이, 마음 깊은 곳에 늘 자리 잡고 있어서가 아니었을까? 이처럼 간디가 조국의 동포들을 사랑하는 마음이 없었다면 평화로운 방법으로 인도가 영국의 식민지에서 벗어날 수 있었을까?

'내가 만약 친구라면…'

🌼 인도에 간디가 있었다면 미국에는 흑인 인권 운동을 한 마틴 루터 킹 목사가 있어. 두 사람 모두 다른 사람을 배려하는 깊은 마음을 가졌지. 킹 목사의 배려가 어떤 일을 이뤘는지 볼까?

마틴 루터 킹이 어린 시절에는 미국에서 인종차별이 아주 심했단다. 하지만 그의 집은 넉넉했기 때문에 흑인이었지만 차별을 받았던 적은 별로 없었어. 하지만, 같은 동네의 가난한 흑인 친구들은 백인들로부터 차별을 받았지.

어린 킹은 '내가 만약 차별을 받는 친구라면…' 하고 친구의 입장이 되어서 생각하게 됐어. 그리고 왜 이렇게 사람들이 차별을 받을까에 대해 깊이 고민하며 자랐지.

킹이 청년이 되었을 때, 한 흑인 여성이 버스에서 백인 남자에게 자리를 양보하지 않아 체포당하는 사건이 일어났어. 그때로서는 매우 큰 사건이었지. 이것을 계기로 킹은 인종차별에 저항하는 비폭력 운동에 앞장서게 되었단다.

사람은 자신이 억울한 일을 당하면 그것을 해결하려고 열심히 뛰어다녀. 하지만 남의 불행이나 어려움에는 귀를 잘 기울이지 않게

돼. 그 사람의 입장이 되어 보지 않았기 때문이지. 하지만 마틴 루터 킹은 **남에 대한 배려가 결국 사랑**이라고 생각했어. 그래서 다른 사람의 억울한 일을 해결하려고 법원에 재판을 신청하고 변호를 했단다.

결국 1년 뒤에 버스 안에서 인종차별을 하는 것은 헌법에 위반되므로 고쳐야 한다는 판결을 얻어 냈어. 이 판결은 이웃의 불행을 모른 척하고 다른 사람이 당하는 고통에 귀 기울이지 않던 사람들이 자신의 행동을 뉘우치는 계기가 되었지.

이제부터 네가 친구와 싸우게 됐을 때는 마음속으로 다시 한 번 생각해 보길 바란다.

'내가 만약 친구라면….'

이렇게 해 보자!

길을 가다가 친구가 넘어졌을 때는

친구들과 함께 길을 가다가 넘어진 적이 있을 거야. 그때 기분이 어땠어? 넘어져서 상처 난 부분이 아프기도 하지만 부끄럽고 창피하기도 했지?
친구가 넘어졌을 때도 똑같은 마음일 거야. 넘어진 모습이 우습다고 큰 소리로 웃기 전에, "괜찮아? 다음부턴 조심하자"고 말하며 조용히 친구에게 손을 내밀어 보자. 친구의 얼굴이 밝아지고, 네 마음도 밝아질 거야.

| 타임이 선정한 위대한 인물 |

레이첼 카슨 _《침묵의 봄》이란 책을 써서 화학 살충제가 사람을 죽인다고 폭로한 과학자야. 일반인보다 화학 약품에 대해 잘 아는 과학자로서 솔선수범이 무엇인가를 보여줬지..

아이젠하워_ 세계 2차 대전 당시 유럽연합군 최고사령관이었는데, 부하들에게 솔선수범하는 모습을 보여 연합군이 승리하는데 큰 역할을 했어.

여덟 번째 생각 씨앗

내가 먼저 하기

아빠 생각 용기와 신념을 가지고 네가 먼저 시작해 보렴. 나로부터 시작된 용기는 이 세상을 구할 수도 있단다.

용기와 신념이 있어야 먼저 할 수 있다

🌼 "자연은 소름이 끼칠 정도로 이상하리만큼 조용했다. 그처럼 즐겁게 재잘거리며 날던 새들은 다 어디로 갔는가? 봄은 왔는데 침묵만이 감돌았다."

환경 운동가인 레이첼 카슨이 쓴 《침묵의 봄》에 나오는 내용 중 일부야.

모든 것이 다시 살아나는 봄인데 왜 침묵만이 감도는 것일까? 원인은 농작물에 뿌린 살충제 때문이었어. 더 많이 수확하기 위해 뿌린 살충제는 벌레를 잡지 못하고 오히려 벌레들의 천적인 새들만 죽인 거야. 벌레들은 살충제에 내성이 생겨 매번 더 독한 살충제가 아니면 죽지 않았고. 그러는 동안 가축들이 죽어 갔고 산과 들, 냇물이 오염되었지.

문제는 동물들에만 그치지 않았어. 인간 또한 이런 살충제의 독성 때문에 병들기 시작했거든. 갓난아이가 이유도 없이 죽어 가고 어른들은 시름시름 앓았지. 여태껏 당연한 듯이 뿌려 왔던 살충제는 벌레를 잡는 것이 아니라 오히려 인간을 죽이고 있었던 거야.

카슨이 이 책을 내놓았을 때 사람들은 충격을 받았어. 그 전까진 어느 누구도 살충제의 위험성에 대해 고발하지 않았거든. 살충제를 생산하는 대기업과 이들을 제도적으로 보호해 주고 이익을 나누어 갖는 일부 관리들이 협박해서, 많은 과학자들은 살충제의 위험성을 알고도 진실을 말하지 않았거든.

그런데 이 한 권의 책으로 세계 곳곳에서는 우리의 환경을 살리자는 새로운 운동이 일어나기 시작했지. 용기와 신념이 있는 한 사람에 의해 시작된 일이란다.

작은 일도 내가 먼저

🌸 인도의 지도자 간디에게 어느 날 한 모자가 찾아 왔어. 그리고 어머니가 간디에게 이렇게 부탁했어.

"존경하는 선생님 내 아들을 좀 도와주세요."

간디는 온화한 얼굴에 부드러운 목소리로 "예, 무엇을 도와 드릴까요?" 하고 물었어.

어머니는 "선생님, 내 아들이 설탕을 너무 좋아해요. 설탕을 너무 많이 먹으면 건강에 좋지 않다고 하니, 아들이 설탕을 끊을 수 있게 말씀 좀 해 주세요. 아들이 누구의 말도 안 듣는데 선생님 말씀은 듣겠답니다" 하고 말했지.

간디는 한동안 무언가를 생각하더니 이렇게 말했어.

"그렇다면 내가 아드님을 도와 드릴 테니 보름 뒤에 다시 찾아와 주세요."

보름이 지난 뒤에 그 모자가 다시 간디를 찾아 왔지. 간디는 아들에게 설탕은 몸에 해로운 것이니 설탕을 끊으라고 타일러 주었어. 간디의 말을 듣고 아들은 그 날부터 설탕을 완전히 끊게 됐단다.

세월이 흐른 뒤, 그 어머니가 다시 간디를 찾아와 고맙다는 인사를 하면서 물었어.

"그런데 선생님, 처음 찾아 왔을 때에 아들에게 설탕을 끊으라고 타일러 주시지 않고 왜 보름 뒤에 다시 오라고 하셨지요?"

간디는 이렇게 대답했어.

"사실은 나도 그때 설탕을 좋아하여 많이 먹는 편이어서 아드님에게 설탕을 끊으라고 말할 자격이 없는 것 같았습니다. 그래서 내가 먼저 설탕을 끊고 난 후에야 아드님을 도울 수 있을 것 같아서, 먼저 설탕을 끊느라 보름 뒤에 와 달라고 한 것이지요."

설탕을 맛있게 먹으면서, 아들에게 설탕을 끊으라고 했다면 사람들이 간디의 말을 따랐을까? 간디는 말로만 인도 사람들의 힘을 하나로 모은 것이 아니었던

거야. 자신이 솔선수범하여 어떤 일의 힘들고 어려움을 안 뒤, 다른 사람에게도 함께 해 보자는 이야기를 한 거지.

모범을 보이는 리더가 되자

세계 2차 대전의 영웅이자 미국 34대 대통령인 아이젠하워 얘기를 들려줄까?

아이젠하워란 이름이 알려지게 된 것은 세계 2차 대전 때 일어난 '노르망디 상륙 작전' 이야. 노르망디 상륙 작전은 지금까지도 역사상 최대의 군사작전으로 불리고 있지. 그 작전에는 287만 명의 군사와 항공기 1만2천여 대, 함정 5천3백여 척이 동원되었어.

작전 전날 밤인 1944년 6월 5일은 날씨가 너무 나빠 작전을 수행할 수 없었어. 그때 적군이던 독일 총통 히틀러는 수면제를 먹고 잠에 골아 떨어졌고, 독일군 사령관인 롬멜 장군은 날씨 때문에 미군이 공격해 오지 못할 것이라 예상하고 집으로 돌아가 아내의 생일파티를 열고 있었지.

그 시간에 아이젠하워는 장비를 점검하는 장병 한 사람 한 사람을 찾아다니며 격려했어. 그의 솔선수범은 많은 군인들을 감동시켰지. 그렇게 밤을 지새우고 다음 날인 6월 6일 새벽이 되었어. 날씨는 더욱 나빠져서 허리케인으로 변했어. 그 순간 아이젠하워는 공수부대원들에게 출동 명령을 내렸지. 공수부대원들이 탄 비행기가 출동해 검은 하늘로 사라지는 것을 바라보며 그는 눈물을 흘렸어. 비행기들이 더 이상 보이지 않자 그는 자기 방으로 돌아와 패배할지도 모를 전투에 대비하여 백악관에 보낼 편지를 썼지.

"우리는 작전에 실패했지만 모두 용감하게 자기들의 임무를 다했습니다. 모든 책임은 저에게 있습니다."

그런데 신기하게도 곧 날이 갠 거야. 36시간 동안 화창한 날씨가 계속되어 노르망디 상륙 작전은 성공할 수 있었지.

아이젠하워는 이 날의 일을 두고 훗날 이렇게 말했어.

"그 순간 하늘은 자신의 존재를 증명해 주었습니다. 지독했던 날씨가 갑자기 개면서 공습을 할 수 있었고, 피해는 예상보다 훨씬 적었습니다."

노르망디 상륙 작전으로 독일군은 결정적 타격을 입었고, 아이젠하워는 위기의 순간에도 흔들림 없는 리더십을 발휘해 전쟁을 승리로 이끌었단다.

그의 강력한 리더십은 어디에서 나온 것일까?

아빠는 동료에 대한 사랑과 책임감에서 나온 것이라 생각한다.

그는 젊은 시절부터 모든 사람과 잘 어울렸고, 따뜻한 미소와 유머로 분위기를 밝게 해 주고, 어려운 학생을 도울 일이 있으면 항상 앞장섰어. 긍정적이었고 확고한 신념을 가진 사람이었지만 그렇다고 해서 그 신념을 남에게 강요하지는 않았지.

그는 뒤에서 남에게 지시만 내리는 사람이 아니라 앞에서 모범을 보여 이끄는 리더였어.

어느 날, 그는 장교들을 훈시하며 실을 뒤에서 밀어 보라고 했어. 실은 앞으로 가지 않고 구부러지고 꼬였지. 이어서 그는 그 실을 앞에서 당기게 했지. 그랬더니 실이 바르게 쭉 끌려왔어. 그때 아이젠하워가 말했단다.

"실을 당기면 어디든 따라옵니다. 그러나 실을 밀면 어디로도 가지 않습니다. 지도자는 앞에서 솔선수범해야 합니다. 짐승은 뒤에서 몰아야 하지만 사람은 앞에서 인도해야 합니다."

책임감 있는 사람만이 책임자가 될 수 있단다. 세상이 뒤집혀도 약속을 뒤집지 않는 책임감 있는 사람만이 어떤 위기가 닥치더라도 헤쳐 나갈 수 있지.

꼭 할 일이 있을 때는

청소 시간에 청소하기 싫어서 선생님 눈을 피해 다닌 적이 있을 거야. 그런데 나한테 귀찮은 일은 다른 사람에게도 똑같이 귀찮거든.
반 친구들 모두 청소하기 싫어서 늑장을 부린다고 생각해 봐. 어쩌면 밤이 될 때까지 청소는 끝나지 않을 수도 있어. 꼭 해야 하는 일이라면 다른 사람에게 미루지 말고 내가 먼저 하자.

아홉 번째 생각 씨앗

주변 모든 것에서 배우기

아빠 생각 어떤 일을 보더라도 대충 보지 않고 무엇인가 배울 것이 있다고 생각하면 성공의 기회는 얼마든지 있단다.

타임이 선정한 위대한 인물

고르바초프 _ 러시아의 정치 지도자로 어린 시절 농촌 사람들을 통해 더불어 사는 것을 배웠어. 훗날 사회주의 국가인 옛 소련이 민주주의 나라인 러시아로 바뀌는 데 결정적인 역할을 했지.

월트 디즈니 _ 가난 때문에 일을 그만두려고 했지만, 생쥐의 부지런함을 본받아 다시 도전했어. 그리고 세계 어린이들에게 사랑받는 캐릭터인 '미키마우스'를 만들었지.

관찰하는 마음이 배우는 첫 자세다

B 우리는 살아가면서 숱한 어려움을 맞이하게 된단다. 곧 너희들도 중학교, 고등학교에 가게 되면서 입시경쟁이라는 시험을 겪겠지. 인생이란 다양한 시험에 어떻게 대처하느냐에 따라 승부가 결정된단다.

펜니라는 청년이 미국의 명문 학교인 하버드 대학교의 졸업반일 때였지. 대학의 직업 보도국을 통해 유명한 백화점에서 2명의 학생을 사원으로 채용하고 싶다는 것을 알게 되었어. 가 보니 백화점 사장이 그들에게 준 일자리는 겨우 엘리베이터 보이였어. 펜니와 함께 갔던 학생은 "아무리 큰 백화점이라도 그렇지,

미국 최고의 명문대를 나온 우리를 뭘로 보는 거야. 흥!" 하고 가 버렸지.

하지만 페니는 그 일을 열심히 했어. 묵묵히 6개월 정도 일하고 나니, 사장이 페니를 불렀어.

"페니, 수고했네. 6개월동안 일해 보니까 어떤가?"

"일하기는 어렵지 않습니다. 그러나 3층 아이들의 완구점과 숙녀용품점은 1층으로 옮기는 것이 좋다고 생각합니다."

"흠, 그 이유는 뭔가?"

"백화점에 출입하는 사람의 대다수가 여성과 아이들인데, 3층에 그들이 주로 이용하는 매장이 있으니 엘리베이터를 더 많이 가동할 수밖에 없습니다. 이렇게 되면 전력 소모가 많습니다. 1층으로 옮기면 백화점이 복잡하지도 않고 전력소모도 덜 될 것입니다."

사장은 페니를 경리 사원으로 채용할 생각이었지만, 이 말을 듣고 페니의 뛰어난 경영 능력을 알게 된 사장은 그를 지배인으로 발탁했지. 결국 페니는 백화점업계에서 성공하여 미국의 100대 부자에 들게 되었어.

어떤 일을 할 때 대충 보지 않고 무엇인가를 배울 것이 있다고 생각하면 성공의 기회는 얼마든지 있단다.

다른 사람의 장점을 배우자

사회주의 나라인 옛 소련이 민주주의 나라인 러시아로 바뀌는 데 결정적인 역할을 한 정치 지도자가 있어. 그 사람은 고르바초프라고 하는데, 이 일로 노벨 평화상을 받았지. 그는 상을 받은 뒤 기자들에게 이런 말을 했어.

"나는 부모님에게 상식을 배웠습니다. 시골 사람들은 자연, 우주, 세계, 그리고 진정한 삶에 대한 자신들의 생각을 갖고 있습니다. 그

들은 땅에서 태어나, 땅에서 살아갑니다. 그들은 그 땅에 애정을 갖고, 또한 그 땅을 잘 알고 있습니다.

그들은 종종 고개를 들어 하늘을 쳐다봅니다. 그것은 단지 비를 몰고 오는 구름을 보기 위해서가 아닙니다. 그것은 땅, 별 등의 자연과 교감하고, 존중하는 마음을 가슴에 새기기 위해서입니다.

나는 또한 소박함과 겸손을 배웠습니다. 시골에서는 마을 사람들이 하나로 뭉쳐야만 농사를 제대로 지을 수 있습니다. 그래서 시골 사람들은 남을 생각하는 너그러운 마음을 가지고 있고 한마을 사람들끼리 단결이 잘 됩니다.

나는 어린 시절 이러한 것을 보고 자랐습니다. 이 깨우침은 나의 일생 동안 많은 영향을 미쳤습니다. 나는 내 뿌리가 농촌이라는 점이 자랑스럽습니다."

어린 시절부터 주위에 있는 순박한 농촌 사람들을 통해 자연의 섭리를 배운 고르바초프. 그는 어른이 되어서도 여러 사람을 만날 때도 어린 시절 그랬던 것처럼 그들의 장점을 배우는 마음을 놓지 않았지.

생쥐에게도 배울 점이 있다

미국의 시골에서 태어난 한 청년은 만화가로 성공하기 위해서 도시로 갔어. 출판사와 신문사를 찾아다니며 자기가 그린 만화를 실어달라고 부탁했지만 아무도 상대해 주지 않았어.

먹을 것도 잠 잘 곳도 없는데다가 자신의 만화를 아무도 알아주지 않자, 청년은 너무 실망한 나머지 근처에 보이는 아무 교회로 무작정 들어갔지. 그러고는 자신의 처지를 생각하며 눈물을 흘렸어. 그때 이 모습을 본 그 교회의 목사는 청년의 사정을 듣고, 용기를 북돋아 주며 교회 창고에서 지내도 좋다고 허락해 주었지.

그는 그 후로도 여러 번 실패를 했지만, 교회 창고에서 지내던 때를 생각하면서 참고 견뎠어. 그리고 열심히 일했고, 아내를 만나 아이도 둘이나 생겼지.

하지만 행복한 시간도 잠시, 회사가 망해 길거리로 쫓겨나고 말았어. 이번에는 그의 아내와 아직 어린 아이들까지 함께였어. 가족을 제대로 보살필 수 없게 되자 그는 만화 그리는 일을 그만둘까 생각을 했어. 그러다가 공원에서 한 마리의 생쥐를 보았어. 하루 종일 너무

나도 열심히 일하는 생쥐를 보니 이런 생각이 들었지.

'그래! 어떻게 사람이 저 생쥐보다도 못하겠어? 저 생쥐처럼 하루 종일 목숨을 걸고, 부지런히 먹을 것을 찾아다니며 일한다면 성공할 수 있을 거야.'

그렇게 생각하니 마음에 용기가 솟았어. 그리고 자신의 만화 주인공으로 생쥐를 그렸지. 이것이 최초의 캐릭터 만화 주인공 '미키 마우스'야. 이제 이 가난한 청년이 누군지 알겠지? 바로 디즈니랜드를 만든 월트 디즈니란다.

지금 힘들다면 잠시 주위를 둘러보렴. 하찮은 것이라도 분명히 네가 다시 힘을 낼 수 있도록 도와주는 것이 있을 거야.

주위를 바라볼 때는
주위에서 배울 점이 뭐가 있을까? 빙글빙글 신나게 돌아가다가도 멈추면 바로 쓰러지는 팽이에서는 노력을, 여러 개가 모여 자동차, 우주선, 성이 되는 장난감 블록에서는 단결을, 나를 위해 맛있는 빵을 다 먹지 않고 남겨둔 동생한테는 배려하는 마음을.
어때? 주위를 둘러보면 배울 점이 참 많지?

열 번째 생각 씨앗

어려운 환경 탓하지 않기

아빠 생각 어려움을 한 번 극복하면, 그 지혜로 다음에 닥치는 어려움도 극복할 수 있단다. 결국 어려운 환경이 더 단단하고 멋진 너를 만들게 되는 거지.

▸ 타임이 선정한 위대한 인물 ◂

오프라 윈프리 __ 힘든 어린 시절을 보냈지만, 그것을 이겨 내고 세계 1억 4천만 명의 시청자가 눈과 귀를 자신에게 기울이도록 만든 방송인이야.

벌이 꿀을 모으는 이유는
어려운 순간을 준비하기 위해서다

사람에겐 가끔씩 견디기 힘든 일이 닥치지. 그러나 힘든 일을 잘 이겨 내면 그것이 너를 더욱 강하게 만든다는 걸 이해하게 될 거야. 그런 의미에서 꿀에 대한 이야기를 들려줄게.

벌을 키워 꿀을 모으는 한 양봉업자가 필리핀에 갔어. 그곳에서 양봉업자는 문득 이런 생각을 하게 됐지.

'아하, 필리핀은 더운 나라니까 늘 꽃이 피는구나. 여기서 벌을 키우면 꿀을 많이 딸 수 있겠네!'

그래서 양봉업자는 시험 삼아 벌통 10개를 가지고 필리핀으로 날아갔어. 얼마 못 되어 벌통에는 꿀이 가득해졌지. 양봉업자는 한국으로 돌아와 빚을 내서 벌통 100개를 사 들고 다시 필리핀으로 갔어. 그리고 그 해엔 벌통 100개에서 두 번이나 꿀을 따서 돈을 많이 벌 수 있었어.

그런데 다음 해에 문제가 생겼어. 꿀을 한 번밖에 못 땄거든. 하지

만 곧 잘 되겠지 하면서 그 다음 해를 기다렸지. 그런데 그 다음 해는 더욱 큰 문제가 생겼어. 꿀이 거의 모이지 않았던 거야. 결국 그 양봉업자는 망했단다. 왜 망한 것일까?

꿀벌들이 꿀을 모으는 이유는 꽃이 없는 추운 겨울을 나기 위해서야. 그런데 항상 여름인 필리핀에는 꽃이 언제나 피어 있으니 굳이 꿀을 모을 필요가 없겠지? 그걸 알아챈 꿀벌들이 더 이상 꿀을 모으지 않으니 그 양봉업자는 망할 수밖에 없었지.

　꿀은 겨울이라는 험한 환경이 있어야 얻을 수 있는 열매란다. 사람의 삶도 비슷해. 항상 좋은 환경에 있으면 못할 것이 없으니까 편하긴 하겠지. 하지만 힘든 환경을 경험하지 않고는 얻을 수 없는 지혜도 있단다. 때때로 어려운 환경이 나를 만들기도 하는 거지.

실패의 경험이 있는 사람이 베풀 줄 안다

　방송인으로서는 최고의 인기를 누리고 있는 오프라 윈프리는 처음부터 대단한 사람은 아니었어. 그녀의 어린 시절은 그 누구보다도 어두웠지. 인종차별이 심한 미국 미시시피 주의 가난한 집에서 태어났고, 어른이 될 때까지 외갓집, 파출부로 일하는 엄마 집, 엄마와 헤어져 사는 아버지의 집을 떠돌았지. 윈프리는 학대를 당한 경험 때문에 너무 힘들어서 마약에 손을 대기도 하고, 소년원에도 갔었어.

　그러나 마음속에서는 '언젠가 사람들에게 내가 무엇인가를 해낼

수 있다는 것을 꼭 보여 주고 말겠다'는 희망과 뜨거운 열정을 버리지 않았지. 그리고 자신과의 약속대로 지금은 전 세계인의 관심을 받는 유명인이 되었어. 최근에는 남아프리카공화국에 우리 돈으로 380억 원이란 돈을 들여 여학생들을 위한 학교를 세워 또 한 번 사람들을 놀라게 했지.

그녀는 자신의 힘들었던 과거를 일부러 들추어 내 비판하는 사람들에게 이렇게 말한다고 해.

"내가 학대를 당하고, 여러 가지 일에 실패한 경험이 있기 때문에 지금 비슷한 경험을 하고 있는 사람들을 도울 수 있는 것입니다."

곤경과 실패가 오히려 기회를 만든다는 것을 윈프리는 자신의 삶으로 보여 준 거지. 그래서 세계 사람들은 더욱 그녀를 좋아하고 존경하는 게 아닐까?

어려운 환경이
더 단단하고 멋진 너를 만든다

아빠가 너 만한 나이일 때 새벽 5시에 일어나 신문 배달을 한 적이 있다고 했지? 하지만 '나만 왜 이런 일을 해야 하나' 하고 속상해 하거나 이런 일을 하는 게 부끄럽다는 생각은 하지 않았단다. 아빠가 대단한 사람이어서가 아니라 책에서 읽었던 위인들의 어린 시절 이야기를 기억하고 있었기 때문이야. 위인들 중엔 아빠처럼 집이 가난한 사람들이 꽤 많더라고. 그래서 아빤 이렇게 생각했지.

'나도 앞으로 훌륭한 사람이 되려면 이런 경험도 해 두는 게 좋을 거야. 그래야 훗날 어려운 일을 당하는 사람들에게 어떻게 그 어려움을 헤쳐 나가야 하는지 알려 줄 수 있으니까.'

그때 아빠가 생각한 대로 꿈을 이루어서 무척 기쁘구나. 아빠의 경험을 너희에게 들려주면서 희망을 줄 수 있으니 말이야.

우리 속담에 '젊어서 고생은 사서 한다'는 말이 있어. 젊었을 때 이것저것 경험해 봐야 그 힘든 시기를 극복한 지혜로 인생을 살 수 있다는 말이지. 아빠도 어렸을 때는 그 말의 뜻을 잘 몰랐는데, 어른이 되고 보니 그 말은 사실이더구나. 힘들고 어려웠던 순간과 기억들은 어른이 되었을 때 힘이 되고 헤쳐 나갈 지혜를 주었거든.

어려운 환경에서 도망치면 된다고? 당장 힘들다고 어려운 환경에서 도망치면, 나중엔 어려운 일이 안 닥칠까?

하지만 어려움을 한번 극복하면 그 지혜로 다음에 닥치는 어려움도 극복할 수 있어. 결국 어려운 환경이 더 단단하고 멋진 너를 만들게 되는 거지.

이렇게 해 보자!

힘들어서 그만두고 싶을 때는

가끔씩 몸이나 마음이 힘들어서 하던 일을 그만 두고 싶을 때가 있을 거야.
그럴 땐 이렇게 생각해 보자. 등산할 때는 힘들지만 산꼭대기에 올라가면 마음이 상쾌해지는 걸 말이야. 공부할 때는 힘들지만 점수가 잘 나오면 마음이 뿌듯한 걸 말이야.
조금 힘들지만 내가 잘 이겨 냈을 때의 결과를 생각하면 절대로 그만두고 싶지 않을 거야.

열한 번째 생각 씨앗

정직하기

아빠 생각 사람이 행복하게 사는 방법에는 여러 가지가 있는데, 그 중 정직하게 사는 것이 가장 행복하게 사는 방법이야.

| 타임이 선정한 위대한 인물 |

샘 월튼 _ 고객에게 거짓말하지 않겠다는 생각으로, 항상 할인해 주는 대형 할인점을 처음 생각해 낸 사람이야. 지금은 세계 여러 나라에 그의 대형 할인점인 월마트가 있단다.

솔직하면 행복하다

영국 속담에 하루를 행복하려면 이발을 하고, 일주일 동안 행복하고 싶거든 결혼을 하고, 한 달 동안 행복하려면 말을 사고, 한 해를 행복하게 지내려면 새 집을 지어라. 그리고 평생을 행복하게 살고 싶다면 정직하라는 말이 있어.

사람이 행복하게 사는 방법에는 여러 가지가 있는데, 그중 정직하게 사는 것이 가장 행복하게 사는 방법이란 말이야.

옛날 어느 마을에 양치기 소년이 살고 있었어. 매일 혼자 들판에서 양을 보던 양치기 소년은 문득 사람들을 깜짝 놀라게 해 주고 싶어졌어.

"늑대다! 늑대가 나타났어요!"

양치기 소년은 거짓말로 소리를 질렀어. 깜짝 놀란 마을 사람들은 손에 몽둥이와 빗자루를 들고 달려왔어.

"늑대는 어디 있니?"

"금방 도망갔어요."

양치기 소년은 사람들의 놀란 모습이 너무 재미있었지. 다음날에

도 심심해진 양치기 소년은 다시 거짓말을 했어.

"늑대다! 늑대가 나타났어요!"

동네 사람들이 다시 우르르 몰려왔어. 이번에도 거짓말이라는 것을 안 사람들은 화를 내며 돌아갔지. 그런데 다음날에는 진짜 늑대가 나타난 거야.

"늑대다! 진짜 늑대가 나타났어요!"

"흥, 이번에도 속을 줄 알고."

마을 사람들은 다들 모른 척 했지. 결국 늑대가 양들을 다 물어 가 버리고 말았어. 그 후로 아무도 소년에게 양치기 일을 맡기지 않았고 소년은 마을에서 외톨이가 되었대.

정직하면 큰 이익을 본다

일요일 저녁이면 엄마랑 아빠와 같이 할인점에 가는 것을 좋아하지? 우리 어릴 땐 엄마 아빠 손잡고 장터 구경 가는 게 좋았는데 지금은 할인점이 옛날 시장을 대신하는구나. 앞으로 점점 재래시장은 사라지고 할인점이 그 자리를 대신하겠지.

그런데 이러한 대규모 할인점을 처음 연 사람이 누군지 아니? 샘 월튼이란 사람이야.

작은 도시에서 잡화점을 경영해 돈을 번 월튼은 1970년대에 동생과 함께 시골에 아주 큰 가게를 냈어. 처음엔 장사가 잘 되지 않았지만, 점차 사람들은 하나둘 월튼의 가게로 몰리기 시작했지. 그 이유는 '백화점이나 대

형마트에서 하는 바겐세일은 처음에 비싸게 물건을 산 고객을 속이는 것이다. 나는 바겐세일을 하지 않고, 물건을 항상 싸게 팔겠다'라는 월튼의 결심 때문이었어.

처음에 사람들은 그를 미쳤다고 생각했어. 항상 싸게 팔면 이익이 별로 남지 않으니까. 그러나 그는 자신의 의견을 굽히지 않고 항상 할인해서 물건을 파는 가게를 세웠어. 그게 바로 지금의 대형 할인점인 '월마트'야.

월마트의 정직한 태도에 반해 사람들이 점점 더 월마트로 가니, 당연히 월마트는 장사가 잘 됐겠지? 그 영향으로 1980년에는 다른 회사도 물건 값을 항상 할인해 파는 제도를 도입했지.

만약 눈앞의 이익을 노리고 물건의 값을 부풀려 놓고는 고객을 속여서 싸게 파는 척을 했다면 지금의 월마트는 없

었을 거야. 하지만 월튼은 더 나은 미래를 위해서 과감히 눈앞의 이익을 포기하고 고객을 속이지 않고 이익을 얻는 방법을 선택했기 때문에 크게 성공할 수 있었지.

가짜와 진짜의 차이는 아주 작다

🌸 뉴스에서 가짜 휘발유 이야기를 가끔씩 들은 적이 있을 거야. 가짜 휘발유를 만들 때 제일 많이 들어가는 게 뭔지 아니? 진짜 휘발유야. 하지만 가짜 휘발유는 진짜 휘발유의 양이 많고 적음에 관계없이 가짜 휘발유일 뿐이지. 거짓말이란 전체 중에 조금만 들어가도 거짓말이거든.

얼마 전 황우석 교수도 거짓말을 했지. 그의 연구가 모두 사실이고 그 중의 일부만 거짓이

라고 해도, 다른 사람들은 그의 연구를 모두 거짓으로 생각하게 돼 버린단다. 너도 항상 진실하게 말하도록 하고 거짓이라고 생각할 땐 차라리 입을 다물기를 바란다.

이렇게 해 보자!

거짓말을 했을 때

친구와 놀고 싶어서 숙제를 안 했는데 했다고 말하는 것처럼, 어쩌다 보니 거짓말을 하게 된 경우가 있을 거야. 그럴 땐 당당하게 "제가 거짓말을 했어요. 용서해 주세요" 하고 고백하자.

자기가 한 거짓말을 숨기느라 계속 거짓말을 하면, 점점 눈덩이처럼 불어나거든. 그러면 마음도 편하지 않고, 친구들도 너를 믿을 수 없다고 점점 멀리 할 거야.

작은 거짓말 하나 때문에 친구를 잃고 싶진 않지?

열두 번째 생각 씨앗

매일 매일 꿈꾸기

아빠 생각 "나의 천부적인 재능은 무엇일까? 나중에라도 이 일을 하지 않으면 후회하게 될 나만의 일은 무엇일까?" 곰곰이 생각해 봐. 그것이 너의 꿈이 될 테니까.

| 타임이 선정한 위대한 인물 |

펠레 _ '축구의 신(神)'으로 불릴 정도로 브라질 국민이 가장 존경하는 인물이지. 오직 축구만 생각한 그는 17살에 월드컵에 출전했고, 월드컵 사상 최초 3연승을 이루기도 했어.

찰리 채플린 _ 전 세계 관객을 웃게 만든 배우이자 영화감독이었어. 어린 시절 가난했지만, 자신의 꿈을 잊지 않고 끊임없이 노력한 결과 결국 세계 최고의 코미디 배우가 된 거야.

목표를 향해 나가라

🌏 아빠가 어릴 적 읽었던 리처드 바크의 《갈매기의 꿈》이란 책에 보면 이런 시가 나온단다.

하찮은 먹이를 구하기 위해서

고기잡이배와 해변 사이를

단조롭고도 변함없이 오고 가는

갈매기로 살 수는 없다

단지 먹기 위해 나는 것에

안주할 수 없는 갈매기 조나단은

가능할 것 같지 않은

완성과 초월을 향해

비상의 꿈을 꾼다

피나는 자기 수련을 통해

조나단은 꿈을 실현해 간다

이제 고깃배를 쫓아가거나

상한 빵 부스러기를

쪼아 먹지 않아도

살아갈 수 있게 되었다

가장 높이 나는 갈매기가

가장 멀리 본다.

조나단은 원래 평범한 갈매기였어. 그의 꿈은 멋지게 비행하는 거야. 그래서 매일 높이 나는 꿈을 꾸면서 비행 연습을 했지. 물론 쉬운 일이 아니었어. 하지만 고된 훈련을 이겨내고, 마침내 비행 기술을 터득한 조나단은 '위대한 갈매기'라는 말을 듣게 됐어.

《갈매기의 꿈》에 나온 "가장 높이 나는 갈매기가 가장 멀리 본다"는 말은 어린 나에게 큰 용기를 심어 주었지. 목표를 뚜렷이 정하고 목표를 향해 달려 나가는 조나단을 보면서 참 아름답다고 생각했거든. 나도 조나단처럼 높은 곳으로 훨훨 나는 꿈을 이루고 싶었지. 그러면 지금 힘든 것쯤은 모두 다 이겨낼 수 있을 것 같았거든.

너도 조나단처럼 너의 꿈을 향해 마음껏 날아 보고 싶지 않니?

꿈꾸는 사람만이 재능을 찾을 수 있다

🌟 사람들은 특별히 재능이 뛰어난 사람을 가리켜 '천부적인 재능을 가졌다'고 말하지. 하지만 아무리 하늘이 특별하게 내려 준 재능이라도 숨겨 놓고 개발하지 않으면 흙과 돌 속에 묻혀 있는 다이아몬

드와 같이 아무 가치가 없어. 재능을 가꾸고 개발하여 남다르게, 뛰어나게 만드는 것이 바로 꿈이란다.

축구의 황제라 불리는 펠레를 아니? 펠레는 아주 어릴 때부터 축구선수가 되는 게 꿈이었어. 월드컵 3회 우승이란 대기록을 세운 펠레는 축구를 단순한 공차기 놀이에서 예술의 경지로 단숨에 끌어올렸지. 그의 출현으로 세계 사람들은 축구를 매우 좋아하게 됐단다. 1970년 멕시코 월드컵에서 우승한 직후, 그와 경기를 한 선수들은 "펠레도 피와 살로 만들어진 인간인 줄 알았지만 아니었다"라는 말로 존경을 표현했지.

펠레는 1940년 브라질의 작은 도시에서 태어났어. 집안은 벽에 쩍쩍 금이 가 있을 만큼 가

난했지. 일곱 살 때부터 축구장에서 구두를 닦아 집안 살림에 보태야 할 정도였으니 말 그대로 찢어지게 가난했단다. 프로 축구 선수였던 아버지를 따라 대도시로 이사 간 다음부터 날만 새면 공을 찼고, 해가 져야 간신히 공차기를 멈추었대. 그러니 축구 실력만큼은 누구도 따라올 수 없었지.

열여섯 살 때는 브라질의 유명한 프로 축구팀의 선수가 됐고, 열여덟 살에 브라질 국가대표팀의 최연소 선수로 뽑혀 월드컵에 출전해 조국 브라질에 우승 트로피를 안겨 주었지. 이때는 마침 브라질이 월드컵에서 3번이나 우승을 해서 우승컵을 영원히 가지게 됐어.

펠레는 축구선수로서 완벽한 체격 조건을 가진 선수라고 해. 하지만 혹독한 훈련과 기량을 닦기 위한 끝없는 노력이 없었다면 '축구 황제 펠레'는 없었을 거야. 그저 축구를 잘 하는 펠레는 있었을지 모르겠지만. 끊임없이 축구만 생각한 펠레처럼 꿈꾸는 사람만이 재능을 찾을 수 있단다.

10살, 미래를 생각하는 나이

💗 어른이 되면 직업을 가지게 되지? 그런데 자기가 평생 재미있게 할 수 있는 직업 하나를 고르기란 쉽지는 않아. 왜냐하면 일생 동안 보고, 듣고, 책을 읽으면서 알게 된 것들이 많아지면서 하고 싶은 것도 많아지거든. 그래서 어떤 사람들은 직업이 하나가 아니라 둘, 셋씩 되는 사람도 있어.

이제 열 살, 너도 너의 미래를 생각할 나이가 되었구나. 채플린의 이야기에서 네가 원하는 일이 무엇인지 한 번 생각해 보면 좋겠다.

채플린은 미국의 무성 영화 시대 최고의 배우야. 채플린이 대배우가 된 후 어느 인터뷰에서 자신이 지금과 같은 배우가 될 수 있었던 이유를 이렇게 말했대.

"빈민 수용소에 있을 때나, 먹을 것을 구하기 위해 길거리를 방황하고 있을 때도 나는 자신이 최고의 배우라고 믿었다. 어린 아이가 한 생각으로는 어이없게 들리겠지만 그래도 내가 그렇게 강한 믿음을 갖고 있었던 것이 나를 구했다. 그런 확신이 없었다면 나는 고달픈 인생의 무게에 짓눌려 일찌감치 삶을 포기해 버렸을 것이다."

자신을 믿지 않았다면 세계 최고의 배우 채플린도 없었겠지?

'나의 천부적인 재능은 무엇일까? 나중에라도 이 일을 하지 않으면 후회하게 될 나만의 일은 무엇일까?'

그렇게 생각했을 때 떠오르는 것이 바로 너의 꿈이 되겠지. 꿈이 정해졌다면 이번에는 이런 생각을 가지기 바란다.

'아무리 천부적인 재능이라도 노력하지 않고 준비(공부)하지 않으면 아무 소용이 없다.'

그리고 마지막으로 가져야 할 생각은,

'나의 목표(꿈)까지 가려면 나도 채플린처럼 힘든 일도 많을 것이다. 나는 이것을 이겨 낼 것이다."

매일 꿈꾸고 싶을 때는
아이스크림을 사러 가게에 걸어가는데 100걸음이 걸린다고 생각해 보자. 그 중에 한 걸음만 덜 걸어도 가게에 들어갈 수 없을 거야. 그럼 아이스크림을 먹을 수도 없고. 꿈을 꾸는 것도 마찬가지야. 매일 꿈을 꾼다는 것은 내가 되고 싶은 것을 매일 준비한다는 말이야. 꿈을 이룰 그 날까지, 매일 꿈꿀 준비가 됐니?

생각 씨앗을
쑥쑥 자라게 하는
긍정의 주문을 걸자

인디언에 전해 내려오는 말 중에
"같은 말을 반복하면 반드시 그렇게 된다"는 것이 있어.
말은 생각이 쌓여서 입 밖으로 나오고,
생각은 행동으로 이어지거든.
그리고 그 행동은 습관이 되어 네 미래를 만들지.
매일 아침 거울을 보며 생각 씨앗을
쑥쑥 자라게 하는 긍정의 주문을 외어 보자.